本书写作受教育部人文社会科学研究青年基金项目“先合同责任研究”资助（项目号：11YJC820098），且本书为该项目最终成果。

本书出版获广州大学著作出版资金资助。

先合同责任研究

Precontractual Liability

邱雪梅 著

暨南大学出版社
JINAN UNIVERSITY PRESS

中国·广州

图书在版编目（CIP）数据

先合同责任研究/邱雪梅著．—广州：暨南大学出版社，2016.1
ISBN 978－7－5668－1724－2

Ⅰ.①先…　Ⅱ.①邱…　Ⅲ.①合同法—民事责任—研究—中国
Ⅳ.①D923.64

中国版本图书馆 CIP 数据核字（2015）第 304196 号

出版发行：暨南大学出版社

地　址：中国广州暨南大学
电　话：总编室（8620）85221601
营销部（8620）85225284　85228291　85228292（邮购）
传　真：（8620）85221583（办公室）　85223774（营销部）
邮　编：510630
网　址：http：//www.jnupress.com　http：//press.jnu.edu.cn

排　版：广州联图广告有限公司
印　刷：湛江日报社印刷厂

开　本：787mm×960mm　1/16
印　张：10.875
字　数：179 千
版　次：2016 年 1 月第 1 版
印　次：2016 年 1 月第 1 次

定　价：32.00 元

目　录

绪　论

一、问题的提出

（一）什么是先合同责任

“先合同责任”是一个外来的法律术语。法语“responsabilité précontractuelle”、意大利语“responsibalità precontrattuale”、德语“vorvertraglices Haftung”、英语“pre-contractual liability”或“precontractual liability”都可翻译成中文“先合同责任”。在西方国家相关主题的文献中，学者最早使用该词来探讨中断磋商和《德国民法典》中的缔约上过失（culpa in contrahendo）责任。[①] 当代私法学者们从狭义、广义和最广义三个不同角度来界定先合同责任的概念。狭义的先合同责任仅指未缔结合同时，因合同磋商阶段的不当行为（包括疏忽行为）所产生的责任。简言之，指中断磋商责任。[②] 广义的先合同责任通常是指缔约上过失责任，其适用范围不限于合同无效或未完成的典型案例，更扩大至包括违反说明义务、中断

---

① 笔者搜集外文文献时，发现法国学者 Saleilles 使用“responsabilité précontractuelle”一词探讨中断磋商责任；美国学者 Friderich Kesser 和 Edithe Fine 最早使用 Pre-contractual Liability 一词。他们用该词来讨论《德国民法典》中涉及缔约上过失责任的规定。Friderich Kesser & Edithe Fine，Culpa in Contrahendo，Bargaining in Good Faith，and Freedom of Contract，*Harvard Law Review*，1964，Vol. 77，p. 403.

② 学者 John Cartwright 和 Martijn Hesselink 在其主编的《欧洲私法中的先合同责任》一书中解释，他们之所以使用“precontractual ”而不使用“pre-contractual ”，源于后者可能倾向指事实上已经缔结合同时，该合同形成之前的阶段。而他们主持的“欧洲私法中的先合同责任”研究的是最终未缔结合同时，因磋商合同阶段不当行为产生的责任。John Cartwright & Martijn Hesselink，*Precontractual Liability in European Private Law*，Cambridge University Press，2008，p. 13.

缔约，尤其是因违反保护义务而侵害相对人的身体、健康等类型。[①] 在中文文献中，学者们通常认为先合同责任或先契约责任即是缔约上过失责任。所谓最广义的先合同责任概念，不同于德国耶林所提“缔约上过失”之责任意涵，非以过失原则为唯一可能的归责原理，目的在于涵盖所有当事人在合同缔结阶段因发展合同关系时经由彼此接触而产生的责任，实质上是一种单纯叙述性之法律概念，比较法上学者将其定义为缔约之际所产生诸类责任的总称。[②] 近年来，我国学者也开始关注最广义的先合同责任概念，[③] 认为先合同责任是指“于契约有效成立前之阶段，当事人一方之行为有违诚信原则而致他方受有损害，因而对其负有责任。不同于德国耶林所提‘缔约上过失’之责任意涵，非以过失原则为唯一可能的归责原理”[④]。本书选择最广义的先合同责任为研究对象，涵盖了合同生效之前所有的责任制度。[⑤]

（二）为什么研究先合同责任

先合同责任问题是现代私法上的一个热点和难点。早在1861年，德国伟大法学家鲁道夫·冯·耶林（Rudolf von Jhering）就发现“法律所保护的，并非仅是一个业已存在的契约关系，正在发展中契约关系亦包括在内；否则契约关系将暴露于外，不受保护，使缔约一方当事人成为他方疏忽或不注意的牺牲品”。[⑥] 随着现代市场经济的发展，交易形态日趋多元，尤其是大规模交易或标的价值较大的交易，如公司购并、股票承销、大额融资和土地使用权转让等，当事人在缔约之前常需要经过详尽的磋商，最

---

① 王泽鉴：《债法原理》，北京大学出版社2009年版，第181页。

② See Najib Hage-Cahine, Culpa in Contrahendo in European Private International Law: Another Look at Article 12 of the Rome Ⅱ Regulation, *Northwestern Journal of International Law and Business*, 2012, Vol. 32, p. 451.

③ 参见朱广新：《合同法总则》，中国人民大学出版社2008年版，第106～113页。

④ 游明慧：《论先契约责任——以建构我国法制为中心》，台湾大学硕士学位论文，2008年，第1页。

⑤ 比较法上日本学者提及“多义性之契约缔结上过失”，其定义为缔结合同之际所产生的诸类责任的总称。游明慧：《论先契约责任——以建构我国法制为中心》，台湾大学硕士学位论文，2008年，第146页。

⑥ 王泽鉴：《债法原理》，北京大学出版社2009年版，第181页。

终才可能达到意思表示一致。先合同阶段的长期化和复杂化对传统民法产生了巨大的冲击，无论是深受“缔约上过失”理论影响的大陆法系国家，还是坚持“缔约自由”的普通法系国家，理论界和实务界人士均意识到“正在发展中契约关系”的重要性，传统的“要约—承诺”规制模式无法妥当解决当事人基于先合同阶段所产生的各类纠纷。

20 世纪 80 年代以来，两大法系的学者、律师和法官对法律如何对先合同阶段当事人间利益予以平衡和调整进行了有益的探索，创设和运用不同的制度来解决缔约之际当事人损害赔偿问题。迄今为止，相关主题的论著可谓汗牛充栋。但是，先合同阶段究竟存在哪些类型的责任？违反预约之责任是否属于先合同责任？归责原则是否限于一般过错责任原则？是否可以强制当事人缔约？损害赔偿的范围除了信赖利益之外，是否包括履行利益和固有利益？信赖利益损害赔偿的范围是否包括机会损失，能否超过履行利益？诸多重大问题仍存在较大的争议和分歧，依然有继续思考和讨论的空间。此外，不同法系不同国家援引不同的制度解决先合同阶段产生的损害赔偿问题，那么在跨国交易中又将如何解决冲突法的问题，同样值得深思与探讨。

二、国外理论研究综述

（一）欧洲理论研究综述

1. 欧洲大陆法系理论研究综述

（1）缔约上过失和中断合同磋商理论的提出。

先合同责任理论研究源于欧洲大陆。19 世纪 30 年代，德国学者 Richermann 注意到合同错误的法律效果，认为因错误导致合同无效，虽然排除了履行合同的诉权，但是存在基于过失的损害赔偿诉权。① 持否定见解的学者则指出，既然当事人之间未成立合同，那么无法适用合同法上的过失原则课以损害赔偿责任；另此种情形不符合阿奎利亚法诉讼所要求的要

① Heinrich Richermann, Der Einfluβ des Irrthums auf Verträge, Ein civilstisher Versuch, Helwing, 1837, S. 119 – 147.

件，无法课予当事人承担合同外的侵权损害赔偿责任。[①] 耶林正是在前人讨论的基础之上，撰写了著名的《缔约上过失、合同无效或未臻完成时损害赔偿》，第一次较完整地论述了因错误、无权代理或出卖不存在之物等导致合同无效或未臻完成时所产生的损害赔偿问题，此文援引罗马法源推论出缔约上过失（culpa in contrahendo）理论。他的理论核心内容如下：凡进行缔约之人，即从合同交易外的纯粹消极义务领域，进入合同范畴的积极义务领域；亦即由单纯的作为过失（culpa in faciendo）进入不作为过失（culpa in non faciendo）的积极注意领域。缔约当事人负有基本的注意义务。合同法上的过失原则不仅规范合同关系，而且应规范形成中的合同关系，以避免从事缔约的当事人成为他方疏忽的牺牲品。当事人因过失未察觉合同无效的瑕疵，仍从事缔约，导致他方当事人遭受损害，即应赔偿他方消极合同利益的损害。值得注意的是，耶林提出的缔约上过失理论原本仅适用于三种类型：其一，主体欠缺能力，如缔约当事人是限制民事行为能力人；其二，客体欠缺能力，如因法律上或事实上的原因合同履行自始不能；其三，意思表示欠缺可信赖性，如当事人意思表示错误或传达错误，甚至要约撤回或要约人做出要约后死亡。[②] 该理论尚未涉及中断合同磋商类型。1906 年，意大利那不勒斯法官 Gabriele Fagella 开始讨论中断合同磋商责任（Liability for Breaking-off Negotiation）。法国学者 Raymond Saleilles 支持此观点，将之翻译介绍到法国。之后德国学者又将中断合同磋商责任补充进缔约上过失理论。[③]

（2）缔约上过失理论研究的发展。

20 世纪以来，为维护交易安全，保护从事缔约磋商当事人之间的利益，除希腊民法外，欧洲大陆法系各国在法律上并未确立缔约上过失为一

---

① Jhering, Culpa in contrahendo oder Schadensersatz bei nichtigen oder nicht zur Perfection gelangten Verträgen, Jahrbücher für die Dogmatik des heutigen römischen und deutschen Rechts 4, Band, 1861, S. 2 – 3.

② Jhering, Culpa in contrahendo oder Schadensersatz bei nichtigen oder nicht zur Perfection gelangten Verträgen, Jahrbücher für die Dogmatik des heutigen römischen und deutschen Rechts 4, Band, 1861, S. 41 – 43.

③ M. W. Hesselink, Precontractual Good Faith, in Hugh Beale et al. (eds). *Cases, Materials and Text on Contract Law*, Oxford and Portland, Oregon, 2002, pp. 237 – 238.

般法律原则，仅设有若干以缔约上过失法理为基础的个别规定，且主要是合同无效时的缔约上过失问题。由于在法律上关于缔约上过失的规定存在不足，缔约上过失制度的发展依赖于学说及判例的培育，尤其以德国法最为发达。德国关于"缔约上过失"的学说复杂多彩，1983 年台湾学者刘春堂先生在其博士学位论文《缔约上过失之研究》中对该国百年来的学说进行了整理，今天看来依然深具参考价值。他将缔约上过失分成五种类型的学说，并进行了详细介绍。[①]

第一种类型的学说认为合同磋商行为中对相对人的财产、身体等侵害行为，除了法律有特别规定的情形之外，仅构成侵权行为。在这种类型中，任意中断磋商行为，除具备《德国民法典》第八百二十六条规定故意违背善良风俗加害于他人的侵权行为外，不负任何责任。此外，除了错误、自始不能等德国民法设有个别规定情形，因合同无效或不成立导致相对人遭受损害，该有过失的当事人亦不负损害赔偿责任。主要理由有二：其一，1898 年的德国民法典没有对此情形设一般规定，仅对合同无效或不成立的损害赔偿责任设个别规定；其二，即使在合同无效或不成立的场合，也欠缺产生法律行为责任（Rechtsgeschäftshaftung）的根据。

1910 年，F. Leonhard 创立了第二种类型的学说。该学说指出因当事人一方在合同磋商阶段的有责行为（schuldhafte Verhalten），导致相对人遭受损害，在合同有效成立的场合，该有责的一方当事人承担合同上的损害赔偿责任，而在合同无效或不成立的情形，则仅以法律有特别规定为基础，发生缔约上过失损害赔偿责任。此学说产生的主要原因是 1898 年的德国民法典关于物的瑕疵担保责任的规定不足以保护当事人，买受人因买卖标的物本身有瑕疵而遭受损害时，仅在该标的物欠缺出卖人所保证的品质，或出卖人恶意不告知瑕疵时，才可以请求其损害赔偿。为保护交易安全，在缔结买卖合同时，出卖人关于买卖标的物是否具有瑕疵应负有一定的注意义务。如果出卖人因过失而不知有瑕疵，或者因过失未将此瑕疵告知买受人，导致买受人遭受损害时，出卖人应承担损害赔偿责任。

第三种类型的学说主张因当事人一方于缔结合同前的磋商阶段的有责

---

① 参见刘春堂：《缔约上过失之研究》，台湾大学博士学位论文，1983 年，第 73～80 页。

行为，致相对人遭受损害，不以合同有效成立为限，在合同无效或不成立的情形，该有责之一方当事人也应对相对人承担合同上的损害赔偿责任。1925 年 Titze 发表论文提出缔约上过失责任问题包括合同有效成立及合同无效或不成立两种情形在内，在合同有效成立的场合，应纳入违反给付义务范畴，而契约仅止于磋商而未臻缔结的情形，则不包括在内。此后，他以此为基础，建立其缔约上过失责任体系。其一，当事人一方在契约磋商之时，因过失而做出加害行为，此项过失如与将来缔结合同无关，且加害行为涉及的内容与将来缔结的合同内容没有任何关系，同时受害人不具有合同相对人的特性，则此种情形只发生侵权行为责任问题。其二，合同有效成立之时，如果是因为与履行合同相关的缔约前的行为导致当事人遭受损害，则可直接请求相对人债务不履行的损害赔偿责任。如果因当事人一方在合同磋商阶段，未依诚实信用原则尽其指导义务，相对人则不会与之缔结合同或不会与之缔结此内容的合同，从而导致相对人遭受损害，则属于缔约上过失损害赔偿责任。其三，合同无效或不成立的情形，因加害人的过失导致相对人遭受损害，则可成立缔约上过失损害赔偿责任。

第四种类型的学说认为无论合同有效成立抑或是合同无效或不成立时，均足以构成缔约上过失责任；但在合同仅止于磋商未臻缔结，则只有特别合同存在时，才可以构成缔约上过失责任。早在 1914 年 Siber 就提出将缔约上过失与附随义务相结合，认为合同有效及合同无效两种类型的缔约上过失责任，均是建立在违反附随义务的基础之上，换言之，缔约上过失责任的基础在于违反合同前的通知或调查义务。附随义务的产生与合同是否有效成立无关。1931 年，Hildebrandt 出版了专著《表示责任》(Erklärungshaftung)，此专著是当时研究缔约上过失责任问题的典范。作者通过法律类推适用导出表示义务，并以此为基础建立缔约上过失理论。

第五种类型的学说提出无论合同有效成立、合同无效或不成立、合同仅止于磋商而未臻缔结，均足以构成缔约上过失责任，这也是目前德国的通说。但是关于缔约上过失责任的构成理由，仍有不同看法。大体可以分为债务关系说、信赖说、社会接触说和统一保护关系说。①

---

① 参见王洪亮：《缔约上过失制度研究》，中国政法大学博士学位论文，2001 年，第 12～13 页。

在德国不仅学说上关于缔约上过失问题著述林立，而且法院实务上积累了许多判例。1975 年德国法学家 Rudolf Nirk 发表了论文《缔约上过失——成功的法官的法律发展——何处可觅?》，对判例形成的缔约上过失理论进行了详细的介绍。他所整理分析得出的结论迄今并未有实质性的改变。① 2005 年德国著名学者 Volker Emmerich 在其专著《给付障碍法》中总结了德国法上关于“缔约上过失”的学说和判例，对新的德国债法上的第二百四十一条第二款和第三百一十一条第二款做出了较细致的分析。②

2. **欧洲普通法系理论研究综述**

英国普通法下，法院运用许多不同的原理和原则来解决先合同责任问题，因此其先合同责任理论是由各种理论组合而成，涉及了返还请求权法（The Law of Restitution）、不实陈述（Misrepresentation）、错误（Mistake）和陈述的禁反言（Estoppel by Representation）等理论。③ 2002 年学者 Paula Giliker 的专著《英国法和法国法中的先合同责任》聚焦在英国法中先合同责任的性质，第一次总结了英国合同法中和合同法之外的先合同责任，④为比较法上研究先合同责任奠定了基础。

3. **欧洲私法统一中理论研究综述**

第二次世界大战使欧洲几乎成为废墟，有识之士提出以融合取代对抗的理念，成立了欧洲经济共同体，并确立了单一市场货物、人员、服务及资本自由流通的理想与目标，比较法大师 Zweigert 在 1964 年就已经开始思考欧洲法律整合的基本问题，建议欧洲法院在比较成员国法律的基础上形成一般法律原则。1993 年欧盟建立后，研究欧洲私法的学者逐渐达成了共识，即欧洲私法尤其是合同法的整合和统一有其必要性，先合同责任也成为研究的重点和难点之一。欧洲私法共同核心团体（Trento 团体）在 1999

---

① 游明慧:《论先契约责任——以建构我国法制为中心》，台湾大学硕士学位论文，2008 年，第 40 页。

② Volker Emmerich, Das Recht der Leistungsstörungen（6. Auflage），C. H. Beck, 2005, S. 71 – 141.

③ John Cartwright & Martijn Hesselink, *Precontractual Liability in European Private Law*, Cambridge University Press, 2008, p. 491.

④ Paula Giliker, *Pre-contractual Liability in English and French Law*, Kluwer Law International, 2002, p. 135.

年出版的《欧洲合同法中的诚信原则》中首次从比较法讨论了德国、希腊、奥地利、法国、比利时、西班牙、意大利、荷兰、英格兰、爱尔兰、苏格兰、丹麦、挪威、瑞典和芬兰先合同阶段的"中断磋商"问题。数年后，欧洲私法共同核心团体于2008年出版了《欧洲私法中的先合同责任》，主要采用案例比较法研究了奥地利、丹麦、英格兰、芬兰、法国、德国、希腊、爱尔兰、意大利、荷兰、挪威、葡萄牙、苏格兰、西班牙、瑞典、瑞士的狭义的先合同责任，即中断磋商责任。作者们用了近十二年撰写了这本高质量的专著。该书分成四个部分：第一部分绪论主要介绍了先合同责任项目；第二部分讨论13个假设案例在16个国家可能的解决方案；第三部分由以色列学者介绍以色列在先合同责任从普通法向民法的转变经验；第四部分则从法律和经济角度分析先合同责任，最后得出先合同责任比较研究的结论。[①]

（二）美国理论研究综述

自1964年1月《哈佛法律评论》刊发了《缔约上过失、诚信磋商和合同自由：比较研究》一文之后，"先合同责任"逐渐成为美国比较法上的重要研究对象之一。

1987年，美国哥伦比亚大学教授Farnsworth撰写了《先合同责任和初始协议：公平交易与失败的谈判》一文。他分析了美国法规范先合同时期的不同制度，即合同磋商（negotiation）、留有开放条款的初始协议（preliminary agreement with open terms）、继续磋商初始协议（preliminary agreement to negotiate）和最终合同（ultimate agreement），认为现行的美国法足以保护先合同阶段当事人的利益。虽然法院在合同磋商阶段未课以当事人承担一般的公平交易义务，但是期待落空的当事人可以基于不当得利、不实陈述以及允诺禁反言等制度寻求救济，并且法院的判决显示法官开始倾向判令另一方当事人承担相应的责任。[②] Farnsworth作为美国第二次合同法

---

① Greg Gordon, Review of Precontractual Liability in European Private Law, *Edinburgh Law Review*, 2010, Vol. 14, No. 3, pp. 526 – 527.

② E. Allan Farnsworth, Precontractual Liability and Preliminary Agreement: Fair Dealings and Failed Negotiations, *Columbia Law Review*, 1987, Vol. 87, p. 100.

重述的起草人，其观点的影响力深远，学者们多肯定美国法而不承认一般性的先合同责任，而是由不同的法律制度规范不同的先合同阶段问题，法院有时课以在合同磋商阶段不当行为的当事人承担损害赔偿责任，即对当事人之间未缔结任何协议之前的信赖投资进行损害赔偿。[1]

2007年1月，学者 Alan Schwartz 和 Robert E. Scott 在《哈佛法律评论》上发表了《先合同责任和初始协议》，此文引入了实证研究方法，成为该领域的经典性文献之一。作者对传统先合同责任的观点的正确性提出质疑，他们认为法院实际上将磋商阶段当事人缔结某种形式的协议作为给予原告救济的必要条件。两人针对美国1999年到2003年间105个在合同磋商阶段进行信赖投资的（作为先例援引的）案例（leading cases）进行研究。在30个涉及初始磋商阶段的案例中，无论是以允诺禁反言（promissory estoppel）为请求，还是以部分给付（quantum meruit）[2] 为请求，有26个案例败诉，几乎占87%的概率。案例数据显示在原被告双方的合同磋商过程中，除了有不实陈述或欺诈情形之外，法院一般不对原告在磋商阶段所做的信赖投资予以救济。在27个案例中，尽管当事人已经就某些实质性条款（material terms）协商一致，但是因双方未明示或暗示愿意受其拘束，法院驳回了原告的诉讼，拒绝给予违约损害赔偿救济。在剩余的36个案例中，当事人都缔结了初始协议（preliminary agreement），即使双方思量将进一步书面化，因证据表明非以书面形式为必要，不管初始协议是否充分构成有拘束力的合同，法院都会将这些协议视为有拘束力的合同。最有意思的是，其中12个案例的系争点是双方的初始协议中究竟有无约定双方必须以诚信继续磋商的义务。一旦法院认为当事人之间缔结的初始协议中有诚信继续磋商的义务，且有足够的证据证明双方承认该协议的拘束力，被告

---

① Daniel C. Turack, Precontractual Liability in the United States of America: A National Report, *The America Journal of Comparative Law*, 1990, Vol. 38, pp. 115 – 130; Nadia E. Nedzel, A Comparative Study of Good Faith, Fair Dealing and Precontractual Liability, *Tulane European and Civil Law Forum*, 1997, Vol. 12, pp. 98 – 154; Alan Schwartz & Robert E. Scott, Precontractual Liability and Preliminary Agreement, *Harvard Law Review*, 2007, Vol. 120, p. 668.

② 游明慧：《论先契约责任——以建构我国法制为中心》，台湾大学硕士学位论文，2008年，第40页。

不当中断磋商，则原告能顺利请求其承担损害赔偿之责。[①] Schwartz 和 Scott 的实证研究表明，在美国司法实践中，如果合同磋商当事人之间未缔结具有拘束力的初始协议（预约），除非原告能证明被告在磋商阶段不实陈述或欺诈，否则法院多会判决原告败诉。换言之，有拘束力的初始协议的存在是合同磋商当事人的保障，当双方缔结了预约之后，再进行后续的谈判，如果一方中断磋商，并给他方造成损害，他方可以获得法律救济。[②] 关于违反预约的损害赔偿范围的问题，Schwartz 和 Scott 认为因当事人未缔结本约，受害人难以证明他方违反预约造成了履行利益的损害，其请求损害赔偿范围应以信赖利益为限，而不能及于履行利益。[③]

自 2007 年后，美国学者主要在初始协议领域里讨论先合同责任。2010 年，学者 Jesse Max Creed 在《哥伦比亚法律评论》上发表专文提出应将违反初始协议行为纳入侵权法中调整，认为此种责任是一种侵权责任。[④] 其后，也有学者表示了赞同。例如，《纽约大学法律和商业评论》连续两年刊发了相似观点的论文。[⑤]

三、我国理论研究综述

（一）台湾地区理论研究综述

我国台湾地区研究缔约上过失责任问题的学者较多，著述颇丰。[⑥] 而专门研究先合同责任问题的目前仅有游明慧撰写的硕士学位论文《论先契

---

① Alan Schwartz & Robert E. Scott, Precontractual Liability and Preliminary Agreement, *Harvard Law Review*, 2007, Vol. 120, pp. 672 - 673.

② 杨佑庭：《中断磋商之研究——以契约法制为中心》，台湾中正大学硕士学位论文，2010 年，第 71 页。

③ Alan Schwartz & Robert E. Scott, Precontractual Liability and Preliminary Agreement, *Harvard Law Review*, 2007, Vol. 120, pp. 687 - 690.

④ Jesse Max Creed, Integrating Preliminary Agreements into the Interference Torts, *Columbia Law Review*, 2010, Vol. 110, p. 1254.

⑤ See Yu Yamazaki, Preliminary Agreements as Contracts: Facilitating Socially Desirable Transactions Using the Doctrines of Injunction, Disgorgement, and Tortious Interference, *NYU Journal of Law & Business*, 2012, Vol. 9, p. 374.

⑥ 参见陈吉生：《论缔约过失责任》，法律出版社 2012 年版，第 8 ~ 9 页。

约责任——以建构我国法制为中心》，该文透过比较法研究对“先契约责任”的内涵和属性进行了重新理解，认为先契约责任是广义概念，不同于德国耶林提出的“缔约上过失”的责任意义，不以过失原则作为唯一可能的归责原理。责任属性上，先合同责任较类似于英美法系的定性模式，即不具有独立的责任内涵；甚至认为先契约责任属于一种侵权责任类型。因此，作者认为台湾地区的先契约责任法律制度是由台湾地区民法典的一般规定和个别规定构成。一般规定是台湾地区《民法典》第二百四十五条之一；个别规定则有台湾地区《民法典》第九十一条错误撤销表意人的赔偿责任、第一百一十条无权代理人的赔偿责任、第一百六十五条撤回悬赏广告人的赔偿责任和第二百四十七条标的自始客观不能的赔偿责任等类型。作者从立法论和解释论两大途径，分析了先契约责任一般规定和个别规定在责任成立、责任范围、消灭时效及举证责任等问题，提出了自己独到的见解。首先，先契约责任成立不应区分嗣后合同是否有效成立而有所不同，主观构成要件应当回归一般过失原则，客观构成要件则请求权人的自身过失不影响他方缔约当事人寻求先合同责任救济，应属于责任范围阶段作为减轻加害行为人责任的衡量因素；其次，消灭时效适用两年的时效期间；最后，举证责任及利用缔约辅助人暂时依据合同法处理。①

（二）大陆地区理论研究综述

我国大陆地区研究现状与台湾地区相似，讨论“缔约上过失责任”的学者众多，② 探讨先合同责任的文献甚少。2005 年，王丽珍率先使用先合同责任概念，发表了《论先合同责任》一文。该文认为先合同责任是指合同缔结过程中及合同成立后生效前，当事人违反先合同义务给对方当事人造成损失而应承担的民事责任，包括但不等于缔约过失责任。③ 先合同责任的构成要件：其一，以违反先合同义务为前提；其二，须有损害事实；

① 游明慧：《论先契约责任——以建构我国法制为中心》，台湾大学硕士学位论文，2008 年，第 341 ~ 352 页。

② 参见陈吉生：《论缔约过失责任》，法律出版社 2012 年版，第 10 ~ 15 页。

③ 王丽珍：《论先合同责任》，载《社会科学家》2005 年第 6 期，第 103 页。

其三，须有主观过错；其四，须过错行为与损害事实之间具有因果关系。[①]我国合同法仅规定了合同缔结阶段的缔约过失责任，并未对合同成立后生效前阶段的责任做出规定，致使合同成立后生效前当事人合法利益的保护留下法律真空。[②] 2007 年，西南政法大学杨华东撰写了硕士学位论文《论先合同义务与先合同责任》，作者与王丽珍观点具有共同点，主张先合同责任包括合同缔结阶段的缔约过失责任和合同成立后的效力过失责任，另还强调了先合同责任是不依附于且平行于侵权责任和违约责任的独立责任类型。[③] 2007 年，朱广新教授的著作《信赖责任研究——以契约之缔结为分析对象》用小篇幅概括介绍了一下其他法域中的“前契约责任”，认为前契约损害赔偿已经成为一个比较普遍的法律问题，绝大多数法域对此有明确规定。因为并非其著作的研究重点，他仅分析了“前契约不当行为的基本类型”和“前契约责任的规范基础”。但是，他根据一些德国学者的主张，提出了前契约责任才可以作为一个概括契约订立过程中产生的一切损害赔偿责任的概念。[④] 2008 年，他在其所撰写的《合同法总则》中将英文“pre-contractual liability”翻译成“前合同责任”，并且界定了该概念的内涵，主张缔约过程中发生的损害赔偿责任，应以前合同责任或缔约责任为统帅，以缔约上过失责任与缔约上信赖责任为基干进行新的体系构造。[⑤]上述文献为我国大陆地区展开先合同责任研究奠定了讨论的基础。

笔者指导的研究生苏诗铭因其本科背景是工科，有一定的数学基础，希望他能从法律经济学的角度研究先合同责任。2013 年，他撰写的硕士学位论文《先合同责任的法律经济分析》运用包括博弈分析在内的更为量化的方法对先合同责任的定位、保护客体、构成要件和赔偿范围进行了思考，得出了相关结论：第一，关于先合同责任的定位，设立严格的保护条件的思路建立第三类责任体系应是一种符合法律经济学原理的有效的责任

---

① 王丽珍：《论先合同责任》，载《社会科学家》2005 年第 6 期，第 105 页。

② 王丽珍：《论先合同责任》，载《社会科学家》2005 年第 6 期，第 106 页。

③ 杨华东：《论先合同义务与先合同责任》，西南政法大学硕士学位论文，2007 年，第 25 页。

④ 朱广新：《信赖责任研究——以契约之缔结为分析对象》，法律出版社 2007 年版，第 284 ~ 290 页。

⑤ 朱广新：《合同法总则》，中国人民大学出版社 2008 年版，第 109 ~ 112 页。

定位方法。第二，关于先合同保护的客体，信赖利益是基础性利益，各国法也基本达成共识，应作为首要保护客体。在先合同阶段拥有特殊磋商关系的当事人之间产生的固有利益，可能归由先合同责任制度调整，能给予社会行为更明确更高效的指引。期待利益能被当事人后续行为所影响，因此直接规定为赔偿客体并不公正和经济，但是作为当事人的合理预期，可使用期待利益作为先合同责任赔偿额度的参考。第三，关于先合同责任的构成要件，我国的先合同责任制度中并不需要加入无过错责任作为具体案件中责任分配的原则，沿用过错责任原则更符合客观的经济规律。第四，关于先合同责任的赔偿范围，将间接损失纳入赔偿范围，不仅符合国际上先合同责任制度的发展趋势，在司法实践中也能给予法官合理的自由裁量权，符合个案公正的社会诉求，虽然计算其中包含的机会损失较困难，但如果确定合理的计算公式并作为一般情况下的通用计算标准即可大幅度降低机会成本的计算难度，甚至借助于发达的计算机技术，仅需要输入关键参数即可得到机会损失的计算结果。至于先合同责任赔偿范围的限制，须依据损失的可预见性原则进行限制，并且在大部分情况下不应超过合同签订后的履行利益，否则可能导致资源配置的失衡，形成低效率的经济循环。① 目前，我国尚无其他论文或著作从法律经济学的角度对先合同责任进行深入的讨论。而笔者受限于纯法学的知识背景，本书无法运用法律经济学方法继续对先合同责任进行深入研究。

2013 年《香港法律期刊》发表了英文论文《中国先合同责任之反思——比中国最新司法解释领先一步》，两位作者从预约责任出发，对我国广义的先合同责任进行了反思，提出用三阶段诚信框架来解释先合同责任。②2014 年张家勇教授也从诚实信用原则出发，重新解释了先合同责任的归责标准。他以“论前合同责任的归责标准”为题发表了论文，其在注释中特别指出“前合同责任”和“缔约责任”是同义语，只是前合同责任更为中性。换言之，该文讨论的对象正是我国合同法上广义的先合同责任的归责

① 苏诗铭：《先合同责任的法律经济分析》，广州大学硕士学位论文，2013 年，第 11 ~ 25 页。

② Shen Wei & Kenny Yu, Rethinking Pre-contractual Liability in China—One Step Beyond China's Latest Judicial Interpretation, *Hong Kong Law Journal*, 2013, Vol. 43, p. 1.

标准。该文提出我国《合同法》第四十二条第三项具有先合同责任一般条款的属性，其关于“违反诚实信用原则”的规定确立了先合同责任的一般归责标准。“在与传统过错标准的衔接上，客观诚信观念与客观过失观念具有一致性，与主观过失观念亦能相容，无须在违反诚信或客观过失标准外另行承认无过失信赖责任的例外。”① 这两篇质量上乘的论文为先合同责任研究开辟了新的路径，启发了作者在诚实信用原则的框架下建构我国的先合同责任制度。

① 张家勇：《论前合同责任的归责标准》，载《法学家》2014 年第 1 期，第 102 页。

第一章

先合同责任之概念

第一节 先合同责任概念之缘起

一、缔约上过失理论之提出

（一）缔约上过失责任制度

先合同责任概念的渊源应追溯至罗马法上的缔约上过失（culpa in contrahendo）。据著名的罗马法学者莱因哈德·齐默曼考证，罗马法时代已有个别情形体现了缔约上过失的观念。[①] 例如，I. 3. 23. 5 规定了："如果某人购买了圣地或安魂地，甚至公共地，例如集议场、教堂，他明知购买无效，但如果他被出卖人欺骗，把它们作为私人地方或俗地作了购买，他享有买受之诉，虽然不许他拥有盖屋，但他将获得如果未受欺骗而获得的利益之价值。同样的规则也适用于把自由人当作奴隶购买的情况。"[②] 依此可知，优士丁尼法允许善意买受人对恶意出卖人提起买受之诉，请求消极利益之损害赔偿（未受欺骗将获得的利益之价值）。[③] 但是，罗马法仅以买卖为中心，将缔约阶段的欺诈和标的自始客观不能情形所产生的损害赔偿之责纳入合同责任的范畴，尚未形成一般性的缔约上过失责任制度。

德国普通法上有了"原则性规定 + 具体规定"缔约上过失责任规范模式的雏形。1794 年的《普鲁士普通邦法》第一编第五章第二百八十四条即

---

① Ulp. D. 11，7，8，1，Mod. D. 18，1，62，1，Inst. Ⅲ，23，5. See Reinhard Zimmermann，*The Law of Obligations Roman Foundations of the Civilian Tradition*，Oxford University Press，1996，pp. 244 – 245.

② ［古罗马］优士丁尼著，徐国栋译：《法学阶梯》，中国政法大学出版社 2005 年版，第 387 页。

③ 关于缔约阶段之损害概念，耶林最初并没有使用信赖利益，而是使用消极之合同利益（negatives vertragsinteresse）。Jhering，Culpa in contrahendo oder Schadensersatz bei nichtigen oder nicht zur Perfection gelangten Verträgen，Jahrbücher für die Dogmatik des heutigen römischen und deutschen Rechts 4. Band，1861，S. 16 – 17.

为有关缔约上过失责任的原则性规定。该条规定的内容为：“关于合同履行依法应负责之归责程度，亦适用于缔约当事人一方于缔约之际就其所负之义务有所疏忽之情形。”① 该法第一编还有若干条具体规定涉及了缔约阶段消极利益损害赔偿之责，即缔约上过失责任，包括了无权代理人责任（第三章第一百二十八和第一百七十一条）、因错误所订合同的责任（第四章第七十九条）、无行为能力人缔约的责任（第五章第三十三条）、自始给付不能的责任（第五章第五十三条）和要约撤回的责任（第五章第一百零五条）。②

1804年的《法国民法典》是“优士丁尼法典以后的第一部完全的民法典”，③ 它堪称传承罗马法精髓的经典。该法典第一千五百九十九条规定：“出卖他人之物，无效；买受人不知属于他人之物时，出卖他人之物可引起损害赔偿。”该法典第一千六百零一条规定：“如在买卖之当时标的物已全部灭失，买卖无效。”依据这两条规定，可以看出该法要求买卖合同缔约当事人负有一定的注意义务，如果标的物在买卖时灭失或出卖他人之物，将导致买卖合同无效。在出卖他人之物时导致买卖合同无效，且造成相对人损失，出卖人应承担损害赔偿责任。因此，法国民法典上已经有了具体的缔约上过失责任制度，只不过与罗马法相同，仅解决买卖合同的先合同阶段领域的损害赔偿问题。

1817年颁布的《奥地利民法典》则从具体合同无效扩展到一般合同，突破了法国民法典所建构的缔约上过失责任制度，规定了合同无效的情形，行为人违反注意义务导致他方损失，应承担损害赔偿之责（第二百四十八条）。此外，该法典第八百六十六条关于无权代理或行为能力的欺诈、第八百六十九条关于心中保留、第八百七十一条关于错误和第八百七十八条关于自始不能等都是关于先合同责任的具体规定。虽然《普鲁士普通邦法》《法国民法典》《奥地利民法典》都有关于缔约上过失责任之规定，但让该理念和制度真正深植于大陆法系应归功于德国的法学家耶林的法学

---

① Volker Emmerich, Das Recht der Leistungsstörungen（6. Auflage）, C. H. Beck, 2000, S. 73.

② 刘春堂：《缔约上过失之研究》，台湾大学博士学位论文，1983年，第52页。

③ 杨幼炯：《比较民法学导论》，见郑玉波等著，刁荣华主编：《现代民法基本问题》，汉林出版社1981年版，第17页。

的伟大“发现”。

（二）耶林的缔约上过失理论

耶林的缔约上过失理论产生的背景是：在德国普通法时代，盛行法学硕儒萨维尼所倡导沿袭自罗马法源的意思理论（Willenstheorie）。萨氏的意思理论认为，关于合同的成立，当事人的意思具有决定性的意义，如果当事人所为的表示与其意思不符，合同即归于无效。例如，笔误、要约或承诺传达错误、单方对相对人身份认识错误或标的物认识错误等，均足以影响合同的效力。有学者意识到法律行为过分注重意识说，将不利于保护交易安全。从利益衡量来看，缔约阶段无过失的相对人要承受因他方当事人过失导致合同无效所生的损害显然不妥当。换言之，缔约阶段过失的一方当事人无须向他方赔偿为缔结合同所支出的费用损害，则使得无过失一方当事人成为他方过失的牺牲品。[①] 19 世纪 30 年代，德国学界即开始讨论缔约上过失问题，即合同因当事人一方的过失致不能成立时，有过失的一方就他方当事人因信赖合同有效成立所遭受的损害，应否负赔偿问题，不过学者论及该问题时，多仅简单表示肯定或否定的见解。1861 年，耶林在其主编的《耶林法学年报》第四卷上发表了《缔约上过失、契约无效或未臻完成时之损害赔偿》一文，对缔约上过失问题展开了系统的和周密的论述，并为之后学说的发展提供了必要的基础。[②]

耶林在文中讨论了这样一个案例：“委托人请求一个去不来梅旅游的朋友到其供货商处订购四分之一箱香烟，传达人误看成四箱，因此委托人退还了多余的货物。”[③] 此种要约传达错误将导致买卖合同无效，但有过失的买受人不必向出卖人赔偿运输货物所支出的费用。他认为此种情形的结果是不公平的，因而问道：“在此情形，谁不觉得需要有一损害赔偿的诉

---

① 参见《缔约上之过失》，见王泽鉴：《民法学说与判例研究》（第一册修订版），中国政法大学出版社 2005 年版，第 84 页。

② 刘春堂：《缔约上过失之研究》，台湾大学博士学位论文，1983 年，第 1 页。

③ 王洪亮：《缔约上过失制度研究》，中国政法大学博士学位论文，2001 年，第 3 页。

权呢?"[1] 根据当时的法律制度，基于无效合同的事实的损害赔偿，唯有以合同外的损害赔偿为基础，即只有提起恶意诉讼（actio doli）或阿奎利亚法（actio legis Aquiliae）诉讼。然而，恶意诉讼需要以加害人主观上具有"恶意"为要件，阿奎利亚法诉讼则对侵害的类型设有限制（限于对人或对物的有形侵害），无法成为缔约上过失的一般责任基础。于是，耶林尝试从罗马法源上寻求依据。他所援引的罗马法源，是关于不融通物（res extra commercium）和没有继承权的财产买卖无效时赋予买受人诉权（actio empty）的规定。[2] 至于罗马法上为什么赋予买受人损害赔偿诉权，该诉权是否与合同无效的概念相容，无法从学说汇纂的直接内容中找到答案。耶林的解释指出二者具有如下共同点：其一，买卖合同已具缔结外观；其二，因买卖标的物的瑕疵而导致合同无效；其三，瑕疵是归因于出卖人；其四，买受人不知标的物有瑕疵；其五，赋予合同上的损害赔偿诉权。[3]之所以将买主诉权定性为合同法上的损害赔偿，原因在于：恶意诉讼或阿奎利亚诉讼等侵权诉讼的严格要件从消极方面证明了该损害赔偿责任属于合同法上的责任；罗马法学家为了给予损害赔偿救济，提供了买主诉权这种形式，其并非纯粹的程序上的意义，而是具有基础关系的实体法性质，从积极方面证明了该损害赔偿请求权的基础在于合同义务之上。[4] 买主诉权与合同无效的概念要相容，所谓的合同无效，不应指合同完全不生任何效力，而仅指不存在若干特定的效力，即当事人意欲通过合同而发生的履行义务的效力，因欠缺必要的条件导致被排除，使得当事人不能实现缔约之

---

① Jhering, Culpa in contrahendo oder Schadensersatz bei nichtigen oder nicht zur Perfection gelangten Verträgen, Jahrbücher für die Dogmatik des heutigen römischen und deutschen Rechts 4, Band, 1861, S. 5.

② 所谓的不融通物是指神圣的、宗教的或公共的土地，合同成立前标的物灭失，神圣物或宗教场所，如公共的市场或庙里的柱廊。

③ Jhering, Culpa in contrahendo oder Schadensersatz bei nichtigen oder nicht zur Perfection gelangten Verträgen, Jahrbücher für die Dogmatik des heutigen römischen und deutschen Rechts 4. Band, 1861, S. 10 – 15.

④ 王洪亮：《缔约上过失制度研究》，中国政法大学博士学位论文，2001 年，第 4 页。

目的。[①] 综上所述，可知耶林认为在合同无效的情形，合同上损害赔偿之诉是可能的。那么接下来有一个问题需要回答：该合同上的诉权的基础是什么？

关于合同上损害赔偿诉权的基础，耶林首先针对当事人的善意（bona fide）保护观点加以考量。他认为，善意占有人保护的情形，与其欲建构的损害赔偿诉权具有若干类似性，即二者就权利的发生均存在障碍，而当事人均不知存在此障碍；但是由于买主诉权与合同有效情形的损害赔偿请求权完全不同，立法者不可能基于买受人的善意，即课以出卖人损害赔偿的义务。损害赔偿义务的一般要件是义务人的过失，只要能证明系争案件中被告具有过失即已赋予被害人请求损害赔偿的基础。因此，出卖不融通物的卖方缔结买卖合同时，未确定标的物的法律性质即缔结合同，虽然卖方不知标的物为不融通物，仍可认为有过失。所谓的过失（culpa），是指出卖人自身未能确保存在合同有效的要件即为缔约，并因该合同足以引发他方误解其具备有效的外观，导致他方陷于迷困或遭受损害。耶林继而提出其理论的核心论述：任何当事人从事缔约，即从合同交易外的纯粹消极义务领域，进入合同范畴的积极义务领域，换言之，由单纯的作为过失（culpa in faciendo），进入不作为过失（culpa in non faciendo）的积极注意领域。过失原则所保护的不仅是业已形成的合同关系，而且包括正在形成或发生的合同关系。缔约当事人所承担的最重要及基本的义务：于合同缔结之际应为必要的注意。但耶林认为缔约的第一步是要约，在他方承诺前，如果撤回要约，即使对方因此而受有损害，也无损害赔偿请求权，即仅有要约未有承诺之前，尚不发生缔约上注意义务。[②]

耶林认为其主张的缔约上过失，并非指向合同上过失，因而产生如下结论：①关于其体系上的定位，属于合同关系过失理论的一环，缔约得适用合同关系的过失理论；②关于应负责的过失程度：属于合同关系存续中应负责的归责程度，与合同关系形成之际应负责的归责程度相同；③关于应就过失负责之人：仅限于缔约当事人，不可及于参与缔约的第三人。再

---

① Jhering, Culpa in contrahendo oder Schadensersatz bei nichtigen oder nicht zur Perfection gelangten Verträgen, Jahrbücher für die Dogmatik des heutigen römischen und deutschen Rechts 4. Band, 1861, S. 29 – 30.

② 刘春堂：《缔约上过失之研究》，台湾大学博士学位论文，1983 年，第 3 页。

者，基于缔约上过失的损害赔偿请求权诉讼，是契约之诉，又可导出如下结论：①凡根本无法提起合同诉讼或无从因过失提起合同诉讼的，无法提起缔约上过失的合同诉讼；②缔约上过失的损害赔偿请求权与一般合同上的请求权相同，均可继承；③缔约上过失损害赔偿请求权的消灭时效与合同上损害赔偿请求权的消灭时效相同。[①]

二、先合同责任概念之发展

（一）缔约上过失理论之影响

耶林的当事人于磋商阶段相互负有注意义务缔约上过失理论提出后，在德国法学界引发了广泛的关注。虽然其所援引的罗马法法源的解释，遭受其他学者的质疑，但是多数学者赞成基于诚实信用的观念使耶林列举的大部分案例负有责任。德国民法典的编纂者也注意到了缔约上过失理论，但是1896年的《德国民法典》并没有就缔约上过失责任设一般规定，而是参考《普鲁士普通邦法》关于消极利益损害赔偿之责的具体规定，[②]该法典也规定了错误的责任（第一百二十二条）、要约撤回责任（第一百四十五条）、无权代理人责任（第一百七十九条）和自始给付不能之责任（第三百零六条）。尽管《德国民法典》立法者只是部分肯定了缔约上过失理论，但是此举对其他国家的民法学说和民事立法产生了深远影响。

耶林的缔约上过失理论不仅在德国法系国家引起热烈讨论，而且在法国法系国家也受到重视。早在20世纪初期，法国、意大利、希腊等国学界即开始讨论此问题。[③] 1906年，意大利法官Gabriele Fagellakais发表了一篇论文讨论缔约前中断磋商责任问题，他将合同磋商阶段划分成三个阶段：第一阶段是指草拟要约前的期间，第二阶段是指草拟要约期间，第三阶段

---

① Jhering, Culpa in contrahendo oder Schadensersatz bei nichtigen oder nicht zur Perfection gelangten Verträgen, Jahrbücher für die Dogmatik des heutigen römischen und deutschen Rechts 4. Band, 1861, S. 52 – 56.

② 参见《缔约上之过失》，见王泽鉴：《民法学说与判例研究》（第一册修订版），中国政法大学出版社2005年版，第85页。

③ Rudolf Nirk, Rechtsvergleichendes zur Haftung für culpa in contrahendo, RabelsZ 18, 1953, S. 322.

是指要约形成之后期间。他还认为在合同磋商的三个阶段中缔约当事人都有可能承担损害赔偿责任。[1] 法国学者 Raymond Saleilles 赞同 Fagellakais 的观点，并且将该论文翻译成法文介绍到法国。在这篇译文中，Saleilles 使用了法文"responsabilité précontractuelle"一语，即先合同责任概念率先在法语中出现。[2] 之后，德国的学者又将中断磋商类型补充进缔约上过失理论。德国民法学中也出现了"vorvertraglices Haftung"概念，即先合同责任。由此可见，无论在法语中还是在德语中，先合同责任概念最初的含义仅指中断磋商责任，并归属于缔约上过失责任的类型之一。

1940 年公布的《希腊民法典》突破了德国民法典的个别规范模式，创设了缔约上过失责任的一般规定。《希腊民法典》第一百九十七条规定："为缔约而进行磋商之际，当事人相互负有依据诚实信用原则和交易惯例的要求而行为的义务。"接着，该法第一百九十八条规定："缔约磋商之际因过失使他方遭受损害者，应当负损害赔偿责任，即使合同未成立，亦然。损害赔偿请求权的消灭时效，准用基于侵权行为请求权消灭时效之规定。"[3] 由此可见，希腊民法明文规定了合同磋商阶段应依据诚实信用原则及交易习惯的一般行为义务，以及过失违反此义务的损害赔偿责任，即缔约上过失责任，并规定了该制度所产生的损害赔偿请求权准用侵权行为请求权的消灭时效。

正如美国学者 Friderich Kesser 和 Edithe Fine 所言，耶林的缔约上过失理论对意大利法发展的影响更加显著。1942 年的《意大利民法典》第一千三百三十七条（标题"谈判和契约前的责任"）规定："在谈判和缔结契约的过程中，各方当事人应当遵守诚实信用原则。"根据该条的规定，意大利民法产生了"responsibalità precontrattuale"概念，即根据诚实信用原

---

① Junwei Fu, *Modern European and Chinese Contract Law: A Comparative Study of Party Autonomy*, Wolters Kluwer Law & Business, 2011, p. 85.

② Paula Giliker, *Pre-contractual Liability in English and French Law*, Kluwer Law International, 2002, p. 121.

③ 曾姿璇：《契约磋商中断责任之研究——以民法第 245 条之 1 之规范意义为探讨中心》，台湾成功大学硕士学位论文，2006 年，第 96 页。

则课以谈判和缔结契约的当事人先合同责任。[①] 该法典第一千三百三十八条规定："知道或者应当知道存在契约无效原因的一方，未将该原因通知他方的，应当为此就他方在契约有效期内基于信赖而无过失遭受的损失承担赔偿责任。"[②] 王洪亮博士认为，"该法典建立了以诚实信用原则为基础的合同前责任"。[③] 意大利语境下的先合同责任概念，从《意大利民法典》第一千三百三十八条的规定来看，其含义与耶林的缔约上过失理论相符合，可以等同于耶林主张的缔约上过失。但是从第一千三百三十七条的规定来看，先合同责任概念则因诚实信用原则的不确定性成为一个开放性的概念。该法典还规定了先合同阶段责任的具体类型，即无效后的损害赔偿责任（第一千三百三十八条）和无权代理之损害赔偿责任（第一千三百九十八条）。

总而言之，多数大陆法系国家受耶林缔约上过失理论的影响，即使民法典中未明确规定先合同责任，判例法上均认可了先合同赔偿责任规则。无论是西欧的荷兰，南欧的西班牙，北欧的丹麦、挪威和瑞典，[④] 还是东欧的波兰，[⑤] 抑或是亚洲的日本，都有判例承认根据缔约上过失原则在先合同责任阶段可以产生损害赔偿责任。

（二）先合同责任概念之拓展

1964年1月，美国的《哈佛法律评论》刊发了一篇以缔约上过失为主题的著名的比较法英文论文，即《缔约上过失、诚信磋商和合同自由：比较研究》。该文认为，在德国民法典实施后的数十年，德国判例法在学说的帮助下，将德国民法典中有关缔约上过失的分散的个别规定视为先合同

---

① Friderich Kesser & Edithe Fine, Culpa in Contrahendo, Bargaining in Good Faith, and Freedom of Contract, *Harvard Law Review*, 1964, Vol. 77, p. 407.

② 意大利民法典条文的翻译参见费安玲等译：《意大利民法典》（2004年），中国政法大学出版社2004年版，第325页。

③ 王洪亮：《缔约上过失制度研究》，中国政法大学博士学位论文，2001年，第27页。

④ 参见［德］莱因哈德·齐默曼、［英］西蒙·惠特克主编，丁广宇、杨才然、叶桂峰译：《欧洲合同法中的诚信原则》，法律出版社2005年版，第176～177页。

⑤ Przemyslaw Sobolewski, Culpa in Contrahendo in Polish Civil Law, Miscellanea, 2013, p. 37.

责任（pre-contractual liability）总体方案中的具体类型。[①] 正是在此文中第一次出现了英文的先合同责任概念来对应德国法上的缔约上过失制度。之后，在比较法的领域，缔约上过失（culpa in contrahendo）成为重要的研究对象，英文文献中开始不断出现先合同责任（pre-contractual liability）一词。后又有学者使用“precontractual liability”（先合同责任）概念来讨论缔约前的损害赔偿责任，但他们专门解释了两者之间的细微差别，前者更倾向表明“先合同”指的是已经缔约的“先合同”阶段所产生的责任，后者则指未成立合同情形时的“先合同”阶段的责任。[②] 先合同责任概念不再是大陆法系的专有法律术语，普通法系的学者，尤其是美国的理论界非常重视先合同责任。

值得注意的是，以色列原来采普通法的做法，完全不承认诚实信用原则和先合同责任。然而，以色列弃普通法改采大陆法系的模式，1973 年《以色列合同法》第十二条通过诚实信用原则将先合同责任一般化：当事人磋商合同之时，其行为应符合习惯方法及诚实信用；一方当事人未依习惯方法或诚实信用而行为时，对于因磋商或缔约而受损害之相对人，负损害赔偿责任。[③]

2002 年，缔约上过失理论的起源地——德国之《债法现代化法》将缔约上过失这一制度予以了一般化。新《德国民法典》第二百四十一条第二款规定：“依债务关系的内容，债务关系可以使任何一方负有顾及另一方的权利、法益和利益的义务。”这使基于债务关系产生的义务走向广义化，不仅包括给付义务和给付相关的从给付义务，还包括“保护债务关系中每一位参加到债之关系中的人的现有利益免予受到侵害”之保护义务。[④] 接着，该法典第三百一十一条第二款规定：“以第二百四十一条第二款所规定的义务为内容的债务关系，也因下列情形之一而发生：1. 合同磋商的

---

① Friderich Kesser & Edithe Fine, Culpa in Contrahendo, Bargaining in Good Faith, and Freedom of Contract, *Harvard Law Review*, 1964, Vol. 77, p. 403.

② John Cartwright & Martijn Hesselink, *Precontractual Liability in European Private Law*, Cambridge University Press, 2008, p. 13.

③ John Cartwright & Martijn Hesselink, *Precontractual Liability in European Private Law*, Cambridge University Press, 2008, p. 400.

④ 朱岩编译：《德国新债法——条文及官方解释》，法律出版社 2003 年版，第 82 页。

开始。2. 合同的准备，而在准备合同时，鉴于可能的法律行为上的关系，一方将影响自己的权利、法益和利益的可能性给予另一方；或将自己的权利、法益和利益托付给另一方。3. 类似的交易上的接触。”该条第三款规定：“以第二百四十一条第二款所规定的义务为内容的债务关系，也可以对自己不成为合同当事人的人发生。该第三人特别地要求对自己的信赖，且因此而大大影响合同磋商或合同订立的，尤其发生此种债务关系。”显然，关于先合同责任，现行的德国民法超越了耶林的缔约上过失理论，以保护义务和信赖原则为核心建构起了“一般规定 + 具体规定”的规范模式。

（三）我国法对先合同责任概念之继受

我国古代没有独立的体系化的民法。民法近代化发端于晚清，是以取法大陆法系的民法典为模式和标准的。先后产生 1911 年的《大清民律草案》、1925 年的《民初民律草案》和 1931 年的“中华民国民法”。1931 年的“中华民国民法”迄今仍在我国台湾地区适用。学者在翻译域外文献时，将不同语种背景下出现的“responsabilité précontractuelle”“responsibalità precontrattuale”“vorvertraglices Haftung”“pre-contractual liability”“precontractual liability”都译成“先合同责任”或“先契约责任”，这一概念因翻译文献的传播而引入国内学界。

就先合同责任的规范模式来看，台湾地区“民法”在总则及债编都存在若干条文的规定。依照台湾地区学者的通说及实务见解，该法系采德国立法例，继受了德国法上关于先合同责任的规定。王泽鉴教授主张先契约责任（precontractual liability）概念与缔约上过失并称或互用，还曾评价：“关于缔约上过失，在20 世纪60 年代虽有若干论文探讨其基本问题，但实务上未见创造性突破的案例，法律状态停滞不进。”[①] 1999 年 4 月 21 日，台湾地区公布的“民法”债编修正，增订了第二百四十五条之一规定：“契约未成立时，当事人为准备或商议订立契约而有下列情形之一者，对于非因过失而信契约能成立致受损害之他方当事人，负赔偿责任：①就订约有重要关系之事项，对他方之询问，恶意隐匿或为不实之说明者。②知

---

① 王泽鉴：《债法原理》，北京大学出版社 2009 年版，第 184 页。

悉或持有他方之秘密，经他方明示应予保密，而因故意或重大过失泄露之者。③其他显然违反诚实及信用方法者。前项损害赔偿请求权，因两年间不行使而消灭。”由于该规定在立法政策上采较保守的态度，台湾地区学者就其是否为规范先合同责任制度的一般规定有争议。主张台湾地区“民法”第二百四十五条之一并非先合同责任一般规定的学者认为，该规定的适用要件过于严格，一旦以之为先合同责任的一般规定，将会导致缔约上过失责任制度所能适用的范围限缩至极小，无法充分保障缔约磋商阶段当事人间的特殊信赖以及维护交易安全等利益。而肯定该条为先合同责任一般规定的学者则指出，第二百四十五条之一规定的内容确实存在许多疏漏和争议之处，难谓良好的立法，但不能因该条文立法存在问题而否定该规范的定位层次为先合同责任的一般规定。无论从积极层面，还是消极层面，从解释论的角度，应尽量发挥立法者最初的美意，将此条文作为台湾地区今后先合同责任的一般法律上基础。① 除了“民法”第二百四十五条之一规定之外，“民法”若干个别规定规范了具体的先合同责任。例如，第九十一条规定了错误撤销的损害赔偿责任、第一百一十条规定了无权代理人损害赔偿责任、第一百一十三条和第一百一十四条第二项规定了法律行为无效或可撤销的责任、第一百六十五条规定了悬赏广告撤回损害赔偿责任和第二百四十六条规定了标的自始客观不能损害赔偿责任。简言之，就先合同责任而言，我国台湾地区现行民法采取了一般规定与个别规定相结合的规范模式。

新中国的民事立法同整个法制建设一样，并没有沿着民国时期的法制轨迹，而是在废除旧法统的基础上，重新构建新的民事法律制度。就先合同责任而言，在改革开放前长达三十年的期间里，我国大陆地区未能有相应的规范。1979 年实施改革开放后，我国积极从事各项民事立法，其中最重要的民事基本法，是 1986 年 4 月 12 日公布、1987 年 1 月 1 日施行的《中华人民共和国民法通则》，该法若干规定对先合同责任的具体形态作了个别规范。例如，第六十一条规定了法律行为无效或者被撤销后的责任和第六十六条第一款规定了无权代理的责任。1999 年 3 月 15 日公布、同年

① 参见游明慧：《论先契约责任——以建构我国法制为中心》，台湾大学硕士学位论文，2008 年，第 180～183 页。

10月1日施行的《中华人民共和国合同法》，该法第四十二条可作为先合同责任的一般规定。理由主要在于该条第三项将诚实信用原则的适用范围扩展到了“当事人订立合同”阶段，使诚实信用原则成为产生先合同信赖和先合同义务的依据。诚实信用原则是“开放性”条款，订立合同过程中当事人违反该原则，可以成为各种类型的先合同责任之基础。因此，与台湾修订债编不同，关于先合同责任，大陆地区合同立法采取了较开放的态度，为先合同责任的发展预留了空间。该法的其他规定也涉及了具体的先合同责任。例如，第四十三条泄露或不当使用商业秘密的损害赔偿责任、第四十八条无权代理人责任和第五十八条合同无效或者被撤销后的责任。总之，我国大陆地区现行法也形成了一般规定与具体规定相结合的先合同责任规范模式。

第二节　先合同责任概念之界定

一、先合同责任概念定义之通说

从追寻先合同责任概念的缘起，我们可以清晰地看到此概念在比较法上从单义走向多义的发展脉络。目前，在我国大陆地区和台湾地区的法学文献中，多数学者认为缔约上过失责任或缔约过失责任，可称为先合同责任或先契约责任，还可称为前合同责任或前契约责任。朱广新教授对此做出过精辟论断：“时至20世纪90年代初期，经由我国台湾地区民法学者的著作，我国在民法学说上逐渐继受了德国法的做法——将‘缔约上过失’视为分析前契约责任的基本法律概念。”① 而我国大陆地区的民法理论通说认为，缔约上过失责任是指在合同订立过程中，一方因违背其依据诚实信用原则所产生的义务，而致另一方信赖利益的损失，并应承担的责任。缔约上过失责任所保护的是缔约一方的信赖利益，缔约上过失责任是与违约

① 朱广新：《信赖责任研究——以契约之缔结为分析对象》，法律出版社2007年版，第269页。

责任、侵权责任并列的债的发生的原因，由此产生的缔约过失请求权是一种独立的请求权。[①] 那么，我们是否选择从多数学者的看法将先合同责任等同于缔约上过失责任？先合同责任的基础是违反诚实信用原则所衍生的义务？先合同责任的责任形式仅有损害赔偿？先合同责任的损害赔偿范围又仅限于信赖利益？实际上，近十年来，少数学者不断提出不同的观点，我们可以按时间顺序分析他们的见解。

二、先合同责任概念定义之少数说

2005 年，学者王丽珍提出先合同责任是在合同缔结过程中及合同成立后生效前，当事人违反先合同义务给对方当事人造成损失而应承担的民事责任，其包括但不等于缔约过失责任。之所以提出先合同责任概念的范围大于缔约上过失责任，主要源于她认为我国法上缔约上过失责任仅解决“合同成立前的合同缔结过程中”的损害赔偿问题，而无法处理合同成立后合同生效前这一阶段，因当事人拒不办理登记而导致合同不生效所产生的责任。例如，甲公司与乙银行签订贷款合同，丙公司应甲公司的请求为这笔贷款提供抵押担保，与乙银行签订了抵押合同。之后，乙银行向甲公司发放了贷款，但丙公司一直不同意办理抵押登记。贷款到期后甲公司无法偿还贷款本金和利息。根据我国《最高人民法院关于适用〈中华人民共和国担保法〉若干问题的解释》第五十六条第二款的规定，法律规定登记生效的抵押合同签订后，抵押人违背诚实信用原则拒绝办理抵押登记致使债权人受到损失的，抵押人应当承担赔偿责任。由于丙公司违背诚实信用原则拒绝办理抵押登记，其与乙银行之间的抵押合同成立但不生效，债权人乙银行对丙公司提供的抵押物不能行使抵押权。乙银行因此遭受损失，其有权请求抵押人丙公司承担损害赔偿责任。此例中的损害赔偿责任不属于我国合同法上规定的缔约上过失责任。[②] 但是，2009 年《最高人民法院关于适用〈中华人民共和国合同法〉若干问题的解释（二）》第八条明确规定：“依照法律、行政法规的规定经批准或者登记才能生效的合同成立后，有义务办理申请批准或者申请登记等手续的一方当事人未按照法律规

---

① 陈吉生：《论缔约过失责任》，法律出版社 2012 年版，第 1 ~ 2 页。

② 王丽珍：《论先合同责任》，载《社会科学家》2005 年第 6 期，第 103 页。

定或者合同约定办理申请批准或者未申请登记的，属于合同法第四十二条第（三）项规定的‘其他违背诚实信用原则的行为’，人民法院可以根据案件的具体情况和相对人的请求，判决相对人自己办理相关手续；对方当事人对由此产生的费用和给相对人造成的实际损失，应当承担损害赔偿责任。”该条将“合同成立后合同生效前这一阶段，因当事人拒不办理登记或批准而导致合同不生效所产生的责任”纳入缔约上过失责任的范围。换言之，依照法律、行政法规规定须经批准或者登记才能生效的合同，负有办理批准或者登记手续义务的当事人于合同成立后怠于办理批准或者登记手续的，将导致合同不能生效的结果，另一方当事人可依此主张缔约上过失责任。[①] 我国司法实践将《合同法》上的缔约过失责任的时间点扩及“合同成立后未生效前”。因此，四年之后，王丽珍教授提出的先合同责任概念实质等同于缔约过失责任的概念。

2007年，朱广新教授在分析其他法域中的“前契约责任”状况中，介绍了德国有学者为使法学思维在形式上与内容上保持适度的平衡，建议摒弃历史形成的概念窠臼，以缔约上过失责任和信赖责任这两个概念来概括分析前契约责任的各种形态。[②] 这意味着“前契约责任”概念是缔约上过失责任和信赖责任的“上位”概念。他本人对此观点深表赞同，明确主张：“对前契约责任形态异质性认识的不足，致使绝大多数学者认为，契约订立过程中发生的一切损害赔偿责任均为缔约上过失责任，缔约上过失责任因而就被等同于前契约责任。其实，前契约责任才可以作为一个概况契约订立过程中产生的一切损害赔偿责任的概念，缔约上过失责任与信赖责任均为前契约责任的下位概念。”[③] 此观点的关键在于将缔约上过失责任限于耶林提出时的意义和内容，将德国学者主张的信赖保护原则作为缔约阶段信赖责任的基础。无论我国法今后是否引入信赖保护原则，是否构建独立的信赖责任，该观点至少指出了今天缔约阶段的损害赔偿问题已经远

① 沈德咏、奚晓明主编：《最高人民法院关于合同法司法解释（二）理解与适用》，人民法院出版社2009年版，第71~72页。

② 朱广新：《信赖责任研究——以契约之缔结为分析对象》，法律出版社2007年版，第290页。

③ 朱广新：《信赖责任研究——以契约之缔结为分析对象》，法律出版社2007年版，第294页。

远超出了耶林“缔约上过失”的理论原型，继续使用“缔约上过失责任”来涵盖缔约前所产生的一切损害赔偿责任是不妥当的。因此，他主张先合同责任是指在合同成立前发生的一切损害赔偿责任。“因合同成立时间和合同责任的范围，在各国有不同的理解，前合同责任并不是一个十分精准的法律概念，简言之，它主要是对缔约阶段产生的损害赔偿责任的一种描述或概括。在缔约上过失概念未被普遍接受的国家，前合同责任是分析合同缔结阶段的损害赔偿问题的主要法律概念。”①

2008 年，我国台湾地区学者游明慧认为，所谓“先契约责任”之概念，基本上较为中性和客观。“缔约上过失责任”坚守以“过失”为归责原则，但是台湾地区“民法”第九十一条、第一百一十条等有关缔约前损害赔偿责任的规定并不采用过失归责原则。相较之下，“先契约责任”概念可以容纳并涵盖台湾地区“民法”所有相关规定的类型。因此，先契约责任本身并没有独立的实质责任内涵，而是较类似于一种“开放性的法律概念”，将该概念界定为“于契约有效成立之阶段，当事人一方之行为有违诚信原则而致他方受有损害，因而对其负有责任”，其中基于法律政策的考量设定了“契约有效成立前”这一时间点，再将符合此时间点的问题类型一并纳入概念之中。所以，先契约责任又可谓是一种单纯叙述性的法律概念，目的在于囊括所有当事人在契约有效成立前发展契约关系时经由彼此接触所产生的责任。正如作者本人所言，其界定的先契约责任概念欲突破一味引进德国耶林创设的缔约上过失理论适用范围的局限性，并立足于台湾地区“民法”现有的相关规定，就缔约阶段的损害赔偿问题发展出适合台湾民法的法律理论。② 我国大陆地区张家勇教授虽然认为“前合同责任”和“缔约责任”是同义语，但也肯定前合同责任更为中性。他以“违反诚信”要件作为前合同责任的一般归责标准，也是试图突破“缔约上过失”在归责标准上偏重故意、过失与无过失的选择问题。③

2013 年，在《中国先合同责任之反思——比中国最新司法解释领先一步》一文中，两位研究者认为先合同责任是指缔结“终局合同”之前因任

① 朱广新：《合同法总则》，中国人民大学出版社 2008 年版，第 109 页。

② 游明慧：《论先契约责任——以建构我国法制为中心》，台湾大学硕士学位论文，2008 年，第 145 ~ 147 页。

③ 张家勇：《论前合同责任的归责标准》，载《法学家》2014 年第 1 期，第 118 页。

何行为而产生的所有责任，并举例说明所谓的缔结本约前的所有行为包括了缔结预约和不实陈述。换言之，该文主张的先合同责任概念将“先合同”的时间点推进到本约的有效成立之前，涵盖了违反预约的责任。这是最广义的一种先合同责任概念。

三、笔者之管见

先合同责任概念从诞生之初至今，在域外法上从单义概念走向多义概念，从狭义概念走向广义概念，甚至成为一种难以界定的开放性概念。正如日本法继受德国法上的“缔约上过失”概念之后，经过数十年发展，有日本学者提出“缔约上过失”用语的规范意义在于指缔约之际所生的所有责任问题，包括适用多种责任规定解决问题的可能，因此该概念实际上是一种多义性的概念。[①] 先合同责任概念也从最初的单义性概念逐渐演变成一种多义性的概念。那么，在我国法上如何界定此概念更为妥当？近十年来，在我国法上通说的将先合同责任概念等同于缔约上过失责任概念也开始受到少数学者的质疑，表明了现代社会缔结最终合同前当事人行为的复杂性，源于罗马法的“缔约上过失”理论因天然强调“过失”作为归责标准，难以完美涵盖所有因缔约前的行为而产生的责任，于是少数学者开始寻找更中性的概念来讨论现行法上涉及先合同阶段的所有责任。这是一种必然的发展趋势，笔者也选择将先合同责任作为涵盖我国法上所有缔结最终合同前行为所产生的责任的统称概念。因此，本书所界定的先合同责任概念采用了最广义说，在时间点上将“先合同”确定为“缔结最终合同成立之前”，在内容上所谓的“责任”包括所有先合同阶段行为所产生的责任。换言之，本书使用的先合同责任概念也是一种叙述性的概念，以期对我国法上出现的所有与先合同阶段相关的责任的规定进行一次梳理和反思。

---

① 游明慧：《论先契约责任——以建构我国法制为中心》，台湾大学硕士学位论文，2008 年，第 31 页。

第二章

先合同责任之基础

第一节　先合同责任基础之论争

一、先合同责任基础论争概况

自耶林提出缔约上过失责任的理论之后，深受此理论影响的国家或地区，无论学说还是司法实务均尝试提出各种不同理论来说明缔约阶段责任的基础，尤其是在德国各种学说可谓是层出不穷。早期德国学说及实务主张缔约磋商阶段的责任问题应依据侵权法处理，[①] 但1911年德国帝国法院援引缔约上过失理论对"亚麻仁油布地毯案"做出了判决后，激发了学者们和法官们探寻缔约阶段责任基础的热情。百年来，从目的契约说到债务关系说再到最终法益接触说，德国法律人从未停止对该问题的探讨。我国民法理论受德国法影响甚深，关于先合同责任的基础的讨论基本上以德国既有的学说为蓝本。1983年，我国台湾地区学者刘春堂教授在其博士学位论文《缔约上过失之研究》中率先全面总结了德国法上的学说，他主要介绍了债务关系说、信赖说、社会接触说和统一保护关系说。[②] 2001年，我国大陆地区学者王洪亮在其博士学位论文《缔约上过失制度研究》中则将德国法上的学说归纳为侵权行为说、契约行为说和侵权行为及契约行为双重基础说。其中"契约行为说"又细分为目的契约说、法律类推适用说、信赖说、法定结合说、社会接触说和社会安全说。[③] 2010年，大陆地区学者涂咏松将德国法上林林总总的理论概括为七种学说，即侵权行为说、法律行为说、法律规定说、法定债务说、信赖说、社会接触说和保护关系说。[④] 上述学者的著作已经对德国学说作了较完整的归纳和分析，下文拟

---

① 《缔约上之过失》，见王泽鉴：《民法学说与判例研究》（第一册修订版），中国政法大学出版社2005年版，第86页。

② 刘春堂：《缔约上过失之研究》，台湾大学博士学位论文，1983年，第80页。

③ 王洪亮：《缔约上过失制度研究》，中国政法大学博士学位论文，2001年，第10～14页。

④ 涂咏松：《信赖损害赔偿责任研究》，法律出版社2010年版，第47～58页。

对晚近影响较大的信赖责任说和社会接触说作进一步的整理。

二、信赖责任说

信赖责任说是德国学说及实务上较为广泛接受的理论。信赖责任说源于库尔特·巴乐斯特德（Kurt Ballerstedt）的论述。他的“信赖需求及赋予”理论是在施托尔（Stoll）的“法定债务关系说”和希尔德布兰特（Hildebrandt）的“表示责任”基础上发展起来的。施托尔主张基于当事人单方表示意欲磋商即可发生缔约前的法律关系。但巴乐斯特德认为只有他方当事人信赖相对人表示意欲磋商之时，双方当事人之间才因进入磋商而产生法律关系。表示意欲磋商的一方当事人负担义务的法律上构成要件，并非因其促使磋商开始所表示的内容，而是因为该表示及其他行为有效促成他方当事人的信赖需求。因而，根据磋商个别阶段所促成及赋予信赖的程度，决定是否发生或发生何种保护、维护、表示或不作为义务。如果没有磋商相对人的信赖，希尔德布兰特倡导的“表示责任”则不存在法律基础。巴乐斯特德进一步主张，法律行为的概念可以区分为两种基本形式，即基于有拘束力的意思表示所产生的义务类型和“经由被要求信赖的赋予”所产生的义务类型。巴乐斯特德提出的信赖是主观、适当的信赖，如果个案中没有实际的信赖，不会产生有拘束力的信赖关系。[①] 之后，又有学者提出在判断上不以权利人主观上有无信赖为根据，而应当以客观上是否可以赋予信赖为根据。概括而言，巴乐斯特德主张的缔约阶段的责任基础源于合同磋商行为的开始，当事人间即发生一种特别的债务关系，此种债务关系既不是基于合同而产生，也不是基于习惯法，更不是基于法律规定类推适用的结果，而是基于一方对于他方所表示的意愿的信赖，此时法律义务的基础并非当事人所表示的内容，而是当事人对于信赖的需求与赋予，即使当事人的表示内容相同，仍可能基于当事人在磋商各阶段不同的信赖程度，构成不同范围、内容的特别责任。[②]

---

① Kurt Ballerstedt, Zur Haftung für culpa in contrahendo bei Geschäftsabschlußdurch Stellvertreter, AcP151 (1950/51), S. 501 - 508.

② 林慧贞：《附随义务与民事责任之发展》，台湾大学博士学位论文，2005 年，第 173 页。

德国当代著名学者克劳斯·威廉·卡纳里斯（Claus-Wilhelm Canaris）在巴乐斯特德的基础上进一步提出“统一保护义务说”和“信赖责任”（Vertrauenshaftung）。卡纳里斯认为，缔约当事人一方将法益置于他方影响可能性之下时，他方即负有防止其受损害之保护义务。此项保护义务并非以当事人所意欲订立之将来契约为其法律基础，而系基于契约磋商之特别法律关系所生，故与当事人之意思无关而具有法定之性质（gesetzliche nature），其存在基础乃“被要求之信赖赋予”（Gewährung in Anspruch genommenen Vertrauens），其实定法之依据则为旧《德国民法典》第二百四十二条。[①]据此，卡纳里斯得出三个结论：一是保护义务与给付义务无关，得以独立存在；二是在先契约阶段，保护义务之法律基础既非当事人之意思，亦非透过对该意思之解释或补充解释（《德国民法典》第一百五十七条）可得之，[②]而是建立在信赖思想上；三是保护义务独立于契约关系之外，因此先契约阶段之保护义务，当然不受嗣后契约无效之影响。[③]关于信赖保护，卡纳里斯将信赖保护分为积极的信赖保护和消极的信赖保护，在此基础上，将信赖责任区分为信赖的履行责任（vertrauensrechtliche Erfüllungshaftung）和信赖的赔偿责任（vertrauensrechtliche Schadensersatzhaftung）。前者属于积极的信赖保护，指使信赖方处于符合其相信的法律地位，换言之，使信赖方取得符合信赖的请求权或履行请求权；或者属于消极的信赖保护，指使信赖方处于知道真实情况且不为信赖时的法律地位，换言之，使信赖方取得信赖损害的赔偿请求权。[④]

卡纳里斯所述的积极的信赖保护包括“权利表见责任”（Rechtsscheinhaftung）和“基于权利滥用行为所产生的履行责任”（Erfüllungshaftung

---

① 旧《德国民法典》第二百四十二条规定：“债务人有依诚实和信用，并参照交易习惯，履行给付。”郑冲、贾红梅译：《德国民法典》，法律出版社1999年版，第49页。

② 旧《德国民法典》第一百五十七条规定：“对合同的解释，应遵守诚实信用原则，并考虑交易上的习惯。”郑冲、贾红梅译：《德国民法典》，法律出版社1999年版，第30页。

③ Claus-Wilhelm Canaris, Ansprüche wegen “positiver Vertragsverletzung” und “Schuzwirkung für Dritte” bei nichtigen Verträgen, Juristenzeitung, 1965, 3 (2): 476.

④ Claus-Wilhelm Canaris, Die Vertrauenshaftung im Deutschen Privatrecht, 1971, S. 5.

kraft rechtsmissbräuchlichen Verhlatens)。权利表见责任的特点在于存在一个不符合真实的特定法律情况的表见，功能在于维护交易安全。以表见代理为例，虽然外观上当事人有代理权，但实际上本人未授予代理权或已经撤回代理权，对于善意信赖存在代理权的第三人，本人负有使表见与真实相符合的责任，即本人应承担授权人的责任。基于权利滥用行为所产生的履行责任，是以诚实信用原则的法伦理需求为依据，也可称为“基于法伦理需求所产生的信赖责任”（Vertrauenshaftung kraft rechtsetischer Notwendigkeit），其功能不在维护交易安全，而在保护善意。它包含三个下位类型：①基于恶意行为所产生的信赖责任。例如，合同当事人一方明知不动产买卖依法应依据一定方式合同才能成立，却向相对人表示未依一定方式合同仍可有效成立，特别是当事人一方是法律人，而相对人是非法律人时，法院为了保护信赖的一方，依据诚实信用原则及借由权利滥用的抗辩方式，禁止当事人一方主张因欠缺方式致合同无效，其结果形同产生合同履行请求权一般。②基于矛盾行为而生的信赖责任。例如，在不动产的买卖中，一方当事人告诉相对人，公证合同上所记载的价金可低于约定的价金，并且不影响合同的效力。但是事后该当事人却据此主张合同无效，虽然此当事人没有欺瞒对方的恶意行为，但他以该合同无效为基础，主张相对人应当返还买卖标的物，跟可归责于他的先前行为互相矛盾，为保护信赖的一方，此种情形也应禁止其主张合同无效。③基于权利取得而产生的信赖责任。例如，当事人一方因信赖合同有效投入其全部或大部分资金，却发现合同无效时，应当产生取得权利的法律效力。[①]

卡纳里斯所述的消极的信赖保护包括“基于危险归责所生的表示责任”（Erklärungshaftung kraft Risikozurechung）和“违反注意义务或保护义务所生的信赖责任”。表示责任的功能在于实现善意思想，表意人因意思表示错误而撤销时，除相对人明知或应当知道撤销原因之外，应当赔偿相对人因信赖意思表示有效所受的损害。在缔约前阶段，当事人之间可以产生各种的注意义务和保护义务，因此，此类违反注意义务所产生的信赖责任与缔约上过失有密切关系，德国法院在判决中也将信赖的保护的必要性

---

① Claus-Wilhelm Canaris, Die Vertrauenshaftung im Deutschen Privatrecht, 1971, S. 266 – 288.

和失望的信赖（enttäuschtes Vertrauen）作为缔约上过失责任的基础，并将之运用到缔约过失上的各种类型，诸如缔结无效合同、中断磋商、缔结不符合期待合同、参与缔约的代理人和第三人责任等等。[①]

三、社会接触说

社会接触说最早由德国学者多勒（Dölle）提出。他受巴乐斯特德"信赖说"的影响，认为缔约上过失责任并非基于当事人从事合同磋商而发生，而是基于当事人发生了"事实上的社会接触"，为达到因社会接触所追求之目的，有意识地将自己的法益置于他方当事人的影响之下，委由他方保护、注意，因而足以产生保护、通知、维护等义务。缔约上过失责任的基础，既非有无缔约行为，也非合同的磋商行为，而是基于社会接触所提高的特别信赖的事实。[②]

法律交易接触说则是从先合同责任的功能方面说明该责任的基础。德国学者卡尔·拉伦茨（Larenz）在其《债法教科书》中的论述被广泛援引。他认为，缔约上过失是违反先合同阶段的附随义务，此种附随义务由诚实信用原则而产生，其基础是由于当事人间密切的接触所产生的信赖关系。他强调当事人仅因单纯的社会接触，将自己的法益置于他方当事人影响之下，而委托他方当事人保护、注意时，并不足以构成法定债务关系，只有当事人间发生法律行为交易面上的接触，即透过合同准备阶段的交易上接触，以及继续的交易上结合，才足以成立缔结合同之前的法定债务关系。在从事合同磋商或准备性的交易接触时，当事人之间足以产生较高的注意及顾虑义务的基础，因为每一位从事交易者通常都期待与自己交易的相对人是一位正直思考（redlich denkenden）、态度忠诚（sich loyal verhaltenden）之人。法律秩序应当保护这种"一般正当期待"（allgemeine Redlichkeitserwartung）。如果法律秩序没有保护交易者的一般正当期待，那么不可能有迅捷、无摩擦的交易来往，反而会因交易者间的不断猜疑而妨碍交

① Die Vertrauenshaftung im Lichte der Rechtsprechung des Bundesgerichtshofs, Claus-Wilhelm Canaris, 50 Jahre Bundesgerichtshof Festgabe aus der Wissenschaft, C. H. Beck, 2000, S. 172.

② 刘春堂：《缔约上过失之研究》，台湾大学博士学位论文，1983 年，第 88 页。

易的发展。[①] 除了拉伦茨的观点之外，有不少学者从功能性角度提出的见解值得讨论。学者魏登曼（Wiedemann）主张为了维护交易秩序的利益，法律秩序因而使进行磋商的当事人负有公平进行磋商的义务，包括给付标的物的债务人应当提供关于标的物的最低限度的信息，尤其关于标的物的合用性及可能的使用危险；支付价金的债务人则应当告知相对人其可能发生支付困难的情况，并且双方当事人均负有积极协力消除妨害缔结合同障碍的义务。当事人提供最低限度的正确信息义务并不以具体的信赖关系为前提要件，义务人不仅负有不使其引起的信赖落空的义务，而且当有必要维护相对人利益之时，纵使将以磋商失败为代价，仍负有必须消除相对人的错误想法的义务。这种情形所保护的法益，并非是当事人的信赖，而是保护合同当事人就法律行为的成立作出的正确的意思决定。另有学者更是简洁地表达：并非信赖本身导致注意义务的产生，而是对法律行为交易制度来说，信赖保护是必需的。此外，还有学者从先合同责任的经济功能观点说明其责任之基础。例如，学者勒曼（Lehmann）认为，在高度发展的工业社会中，对在合同准备阶段违反注意义务的当事人课以民事责任，才能降低财务交换法律行为的交易成本。就经济层面而言，为降低交易成本而将成本负担分配给最能降低成本的交易当事人，此为先合同责任的法律基础。[②]

最终法益接触说以皮克（Picker）为代表。他提出现代社会商品和服务销售愈来愈呈现高度的分工化，当事人彼此之间是否存在合同关系也愈来愈失去重要性。即使当事人间不存在合同关系，也并非不发生民事责任，该责任基础应建立于加害人与被害人双方所知所欲的个别结合关系。虽然皮克放弃以合同关系作为责任基础，但认为当事人间的个别结合关系与合同关系具有相同之处，即双方当事人在属人上的关联性和双方接触的物上最终性。例如，信息提供者所提供的信息，只要是以提供给特定人使用为目的，且知悉究竟谁将使用该信息，即可认定当事人间有适格的社会接触关系。[③]

---

① Karl Larenz, Lehrbuch des Schuldrechts, 1. BD., Allgemeiner Teil, 14. Aufo., 1987, S. 106.

② 曾姿璇:《契约磋商中断责任之研究——以民法第 245 条之 1 之规范意义为探讨中心》，台湾成功大学硕士学位论文，2006 年，第 46 ~ 47 页。

③ 林慧贞:《附随义务与民事责任之发展》，台湾大学博士学位论文，2005 年，第 172 页。

第二节　先合同责任基础之思考

一、先合同责任基础论争之共识与分歧

（一）德国论争的共识与分歧

百年来，先合同责任的基础或责任依据是什么，德国学者提出各种观点加以说明，依据其发展的轨迹，可以看出耶林所发现的缔约阶段损害赔偿问题经由长时间的发展，早已不限于合同无效或未完成的典型情形，更扩大至包括缔约中违反说明义务、中断合同磋商，尤其包括违反保护义务而侵害相对人的身体健康等。因此，早期的以合同或类似合同关系作为先合同责任的基础，永远有拟制当事人意思的问题。晚近的信赖责任说和社会接触说均欲克服早期学说的缺陷，尝试说明缔约阶段产生的所有责任之依据，虽然两种学说的立论点不同，但形成了一个共识，即先合同责任在实体法上的基础，是《德国民法典》第二百四十二条所规定的诚实信用原则，该条规定："债务人有义务照顾交易习惯，以诚实信用所要求的方式履行给付。"此外，两种学说的思考方向均是"违反义务—承担责任"。信赖责任说认为当事人违反基于信赖而产生的义务应承担责任，社会接触说也主张当事人违反社会接触而产生的义务应承担责任。这种"违反义务—承担责任"的模式还反映在实体法上。2002 年 1 月 1 日起施行的《债法现代化法》基本肯定了百年来判例和学说的发展，明确承认了与给付义务不同的保护义务（Schutzpflichten），《德国民法典》第二百四十一条第二款规定："依债务关系的内容，债务关系可以使任何一方负有顾及另一方的权利、法益和利益的义务。"这使基于债务关系产生的义务走向广义化，不仅包括给付义务和与给付相关的从给付义务，还包括"保护债务关系中每一位参加到债之关系的人的现有利益免予受到侵害"的保护义务。[①] 立法

① 朱岩编译：《德国新债法——条文及官方解释》，法律出版社 2003 年版，第 82 页。

者肯定先合同阶段当事人负有保护义务，违反此种义务应当承担相应的责任。但是，立法者只是概括地规定，而确定这种义务性质和具体内容的任务，立法者有意将其交由判例和学说，并预留了其继续发展的空间。[①] 因此，目前德国通说是在诚实信用原则的基础上发展出一系列的先合同义务，而违反先合同义务正是承担先合同责任的前提。

德国学说的分歧即在于先合同义务的性质和具体内容。信赖责任说认为当事人基于特别关系，对于法律行为有效性或生命财产安全性的信赖，是产生先合同责任的原因。此项法律行为并非建立在意思表示拘束力所产生的义务，而是建立在被请求的信赖或给予所产生的义务。此项义务的构成，须一方当事人基于正直的原则及社会上的表现形式行为，并且该行为足以引起他方的信赖，他方因之赋予其信赖。[②] 信赖要能获得保护，必须具备“信赖事实”（Vertrauenstatbestand）、“应受保护的信赖”（schutzwürdigesd Vertrauen）、“信赖投资”（Vertrauensinvestition）和可归责性（Zurechenbarkeit）的一般性条件。[③] 批评者则主张信赖具有普遍性，并非是缔约准备阶段的特别结合关系所独有的现象，不仅合同责任中有信赖，而且侵权责任领域中也不乏针对特定对象的行为信赖，但是合同责任和侵权责任均未以信赖为其责任基础，信赖责任说无法提出“信赖”作为区分先合同责任与合同责任、侵权责任根据的合理论据。[④] 此外，信赖责任基础的要素必须建立在对于一定行为所产生的信赖是中性的、客观的，然而实际情形却往往与之相反，在社会现象中可能存在盲目的信赖，因此以信赖理论解决侵权责任和合同责任双轨制的漏洞在逻辑上存在疑问。[⑤] 社会接触说是针对目的契约说过度依赖当事人间的交易关系为责任基础而提出的，最初

---

① 齐晓琨：《德国新、旧债法比较研究——观念的转变和立法技术的提升》，法律出版社 2006 年版，第 50 ~ 51 页。

② 林慧贞：《附随义务与民事责任之发展》，台湾大学博士学位论文，2005 年，第 173 页。

③ Claus-Wilhelm Canaris, Die Vertrauenshaftung im Deutschen Privatrecht, 1971, S. 491.

④ 曾姿璇：《契约磋商中断责任之研究——以民法第 245 条之 1 之规范意义为探讨中心》，台湾成功大学硕士学位论文，2006 年，第 48 页。

⑤ Eduard Picker, Positive Forderungsverletzung und Culpa in Contrahendo-Zur Problematik der Haftung “zwischen” Vertrag und Delikt, AcP, 1983, S. 429.

该学说认为当事人间发生了“事实上的接触”即可产生通知、保护、说明等先合同义务，遭受质疑之后，又以“交易上接触”或“最终法益接触”作为产生先合同义务的基础。实际上倡导信赖责任说的卡纳里斯也接受其老师拉伦茨的“交易上接触”观点，强调以交易接触限制缔约上过失责任。正如林慧贞博士所说，信赖责任说和社会接触说日后的发展及理论消长关系，尚有待进一步观察。①

（二）我国论争的共识与分歧

在我国台湾地区，关于先合同责任的基础，学者们普遍认可了德国通说，将诚实信用原则的适用范围扩展至合同成立前的缔约阶段。从台湾地区修法制定“民法”第二百四十五条之一的过程来看，修订委员也肯定缔约阶段一方对他方应负责任的基础在于“诚信原则”的要求。② 同时，多数学者延续了“违反义务—承担责任”的思考方向，主张当事人因为缔约而接触磋商之时，即产生了某种行为义务。当事人自为缔约而接触磋商的一瞬间起，由一般普通社会生活关系进入特殊联系的具体生活关系，形成一种类似合同的信赖关系或法定债务关系，为了达到缔约的目的，并使当事人的合同目的或合同利益得以圆满实现，同时避免他方当事人因为缔约或是准备缔约，以致生命、身体、健康、财产或其他固有利益遭受损害，当事人依据诚实信用原则，负有调查、协力、通知、说明、照顾、保护、忠实等附随义务（先合同义务），违反了附随义务则应承担相应之责任。③学者们的分歧则主要集中于附随义务的性质和具体内容。

而在我国大陆地区，王洪亮博士曾在其论文中指出，关于缔约过失制度的研究，2001 年前，大陆地区民法学者多以台湾地区王泽鉴先生在《民法学说与判例研究》（第一册）所载的《缔约上之过失》以及刘德宽先生的《德国民法上的若干新观念》为基本依据，因此在相当长的时间内大陆地区学者们赞同德国式的先合同责任基础理论，也认为缔约阶段的责任的

---

① 林慧贞：《附随义务与民事责任之发展》，台湾大学博士学位论文，2005 年，第 176 页。

② 游明慧：《论先契约责任——以建构我国法制为中心》，台湾大学硕士学位论文，2008 年，第 148 页。

③ 姚志明：《诚实信用原则与附随义务之研究》，元照出版公司 2003 年版，第 42 页。

实体法基础在于诚实信用原则，并采纳“违反义务—承担责任”的思考方法。例如，王利明教授提出合同订立过程中，一方因违背其依据诚实信用原则所应负的义务，而致另一方的信赖利益的损失，应承担民事责任。[①]崔建远教授也持相同的看法，缔约过失责任以先合同义务为成立前提，所谓先合同义务，是自缔约双方为签订合同而互相接触磋商开始逐渐产生的注意义务，而非合同有效成立而产生的给付义务，包括互相协助、互相照顾、互相保护、互相通知、诚实信用等义务。由于这些义务系以诚实信用原则为基础，随着债的关系的发展而逐渐产生的，因而在学说上又称附随义务。[②] 学者们的分歧仅在于义务的具体内容。譬如，王利明教授认为先合同义务具体包括使用方法的告知义务、瑕疵告知义务、合同订立前重要事情的告知义务、协助和照顾义务、不得欺诈他人义务和忠实义务。[③] 崔建远教授则特别指出缔约前的安全保障义务，一般的附随义务自要约生效开始产生，但在安全保障义务的场合，则可提前到要约生效之前。[④]

然而，2007 年开始有学者对德国法开拓的思维路径提出了质疑。朱广新博士认为关于缔约上过失基础，多数学者的思维模式为：缔约上过失→诚信原则→诚信缔约义务→先契约义务→通知、保护、照顾等特定义务。在这种思维模式下，信赖保护思想被严重地忽略了。他提出先合同责任无统一法律基础的事实，决定了其形态的多样性。缔约上过失只是以过错为归责基础的先合同责任形态中的一种，除此之外，无权代理人的赔偿责任、撤销错误意思表示的赔偿责任则为典型的信赖责任。因此，我国法维持缔约上过失的概念，将其还原到耶林提出时的意义与内容；将缔约中以信赖保护原则为基础的赔偿责任从名不符实的缔约上过失责任中分离出来，确立信赖责任的独特地位。[⑤] 简言之，朱广新博士的见解是先合同责任的基础包括了诚实信用原则和信赖保护原则。涂咏松博士也对德国法的思考路径产生了质疑，甚至批评耶林出于对罗马法信赖保护思想的误解，

---

① 王利明：《违约责任论》（修订版），中国政法大学出版社 2003 年版，第 776 页。

② 崔建远主编：《合同法》（第五版），法律出版社 2010 年版，第 122 页。

③ 王利明：《违约责任论》（修订版），中国政法大学出版社 2003 年版，第 779 页。

④ 崔建远主编：《合同法》（第五版），法律出版社 2010 年版，第 123 页。

⑤ 朱广新：《信赖责任研究——以契约之缔结为分析对象》，法律出版社 2007 年版，第 291 ~ 295 页。

只是关注了在契约无效或不成立时，信赖利益将受到损害的现实，忽略了信赖损害赔偿责任的个性，因此错误地将其纳入自己所设计的缔约过失责任体系之中。他还指出在德国民法颁布后100多年中，学说和判例高举诚实信用原则的旗帜，发展出缔约过程中的注意义务等附随义务。对于当事人主观状态的判断转而与所创设的义务相结合，而与信赖的保护主旨逐渐产生偏离。因此，我国应正视德国民法中缔约过失理论的历史和背景，关注2002年德国新债法以及国际条约的变化，与时俱进地对我国现有缔约过失责任作出制度的重组和剥离，还原并构建一个信赖消极保护方式，即信赖损害赔偿责任。[①] 我国大陆地区的确是在没有充分论证的情况下，继受了德国法上的缔约上过失制度。上述两位学者的见解反映了理论界开始重新审视德国法解决缔约阶段损害赔偿问题方法的正当性，在借鉴英美法上的信赖保护的制度设计和思想理念基础上，试图用新的理论来解释和建构我国先合同阶段的责任制度。

二、诚实信用原则和信赖保护原则

（一）诚实信用原则

在整理国内外说明先合同责任基础各种文献之时，笔者发现多数学者都承认百年来无论何种理论都不能普遍适用于缔约阶段所有的损害赔偿情形，即使是德国法系国家和地区通说赞同将诚实信用原则作为先合同责任的实定法基础，仍有学者对此表示疑虑。[②] 从比较法的角度观察先合同责任的基础，则又会发现各国对于“诚实信用原则”概念的接受程度的差异，将影响各国法是否承认，或发展出一般性的先合同责任理论。

大陆法系多数国家的民法典都包含了诚实信用原则的条文。例如，法国、德国、瑞士、希腊、意大利、葡萄牙和荷兰等国的民法典都规定了诚实信用原则。其中，德国法最为典型。该国法上诚实信用原则是法律适用时的帝王条款，判例和学说透过该原则发展出附随义务的概念，促使不论

---

① 涂咏松：《信赖损害赔偿责任研究》，法律出版社2010年版，第66～67页。

② Martijin W. Hesselink, The Concept of Good Faith, in Hartkanpetal (eds). *Towards a European Civil Code*, The Hague, London, Boston, 2004, pp. 635－647.

是缔约阶段还是履行阶段均为诚实信用原则所规范。希腊民法基本上采德国民法的体例，其第一百九十七条明确规定，为缔结合同而进行磋商之际，当事人相互负有应遵循诚实信用及交易惯例所要求行为的义务。意大利民法亦受耶林所提出缔约上过失理论的影响，法律概念上，多互用先合同责任。《意大利民法典》第一千三百三十七条明确规定在谈判和缔结契约的过程中，各方当事人应当遵守诚实信用原则。[①] 从上述国家的立法例可知：它们一方面扩张了诚实信用原则在时间上的适用范围，延展至缔约磋商阶段；另一方面也使诚实信用原则由行使权利及履行义务的方法，进而作为先合同义务的依据。日本法深受德国法之影响，虽然没有明确的立法，但诚实信用原则不仅是决定一定信赖关系的当事人间给付义务和附随义务具体样态的行为规范，更是创设众多附随义务时必要的法律根据，实务上屡屡出现以违反诚实信用原则的注意义务，因而认定缔约当事人应承担先合同责任。但是，并非所有承认诚实信用原则的大陆法系国家均将该原则的适用范围扩展至先合同阶段。例如，《法国民法典》第一千一百三十四条第三款仅规定了应依据诚信履行合同。[②] 因此，法国法上先合同责任的基础是侵权法，先合同不当行为由其他学说支持，诸如错误和欺诈。

反观普通法系的英国法与美国法，对于诚实信用原则的接受程度较为消极，甚至是排斥的态度。就英国法而言，宾汉（Bingham）爵士曾经准确表述过英国的立场：“在许多民法法系国家，也许在普通法之外的大多数法系中，债法承认且执行一项最重要的原则，即在订立与履行合同中，当事人双方应当诚信地行为……它本质上是一个公平和公开交易的原则……截然不同的是，英国法不承认这样的最重要原则，而是发展出解决不公平问题的零星方法。”[③] 换言之，英国法遵循普通法传统的立场，以保障当事人自由缔约为基本原则，在先合同阶段拒绝一般诚实信用原则的介入。美国法与英国法有所不同。美国统一商法典和合同法第二次重述均规定了诚实信用原则适用于合同关系，但未确定诚实信用原则还可以适用于先合同阶段。因此，相较于英国法来说，美国法未来肯定缔约阶段当事人

---

① 费安玲等译：《意大利民法典》，中国政法大学出版社 2004 年版，第 325 页。

② 罗结珍译：《法国民法典》（下册），法律出版社 2005 年版，第 839 页。

③ Paula Giliker, Pre-contractual Good Faith and the Common European Sales Law: A Compromise Too Far?, *European Review of Private Law*, 2013, Vol. 21, pp. 82 – 83.

应依据诚实信用原则进行磋商的可能性较大。[①]

从法律继受的角度而言，自清末以来，我国民事立法和理论受德国法系的影响很大，完全继受了诚实信用原则的概念。我国台湾地区“民法”第二百一十九条规定：行使债权，履行债务，应依诚实及信用方法。系将诚信原则的适用范围局限于债权债务。1982年，台湾地区修订“民法”时，在总则编第一百四十八条增设第二款：行使权利，履行义务，应依诚实及信用方法。将诚实信用原则的适用范围扩及一切民事权利义务。[②] 20世纪80年代中期大陆制定民法通则，反映改革开放和发展社会主义市场经济的要求，并参考市场经济发达国家和我国台湾地区的经验，将诚实信用原则确立为民法的基本原则，其第四条规定了民事活动应当遵循诚实信用的原则，确立了涵盖全部民事关系的诚实信用原则，其适用范围及于整个民事领域，凡一切民事主体，从事一切民事活动，均应遵循。[③] 因此，无论是大陆地区还是台湾地区，将诚实信用原则适用范围扩张至先合同阶段，符合我国民法一贯以来的规范态度。这也是两岸多数学者赞同先合同责任的基础是诚实信用原则的重要原因。

我国学者梁慧星先生提出诚实信用原则具有三项功能：其一，指导当事人行使权利、履行义务的功能。要求当事人在行使权利义务时，应兼顾对方当事人利益和社会一般利益，使自己的行为符合诚实商人的标准，只在不损害他人利益和社会利益的前提下，追求自己的利益。其二，解释、评价和补充法律行为的功能。诚实信用原则适用之结果，可创造、变更、消灭、扩张、限制约定之权利义务，亦可发生履行拒绝权、解除权及请求返还之拒绝权，更得以之为撤销法律行为或增减给付之依据，或成立一般恶意抗辩。其三，解释和补充法律的功能。进行法律解释时，必须受诚实信用原则的支配，始能维持公平正义。这是诚实信用原则在法律解释上的功能。此外，在法律有欠缺或不完备，而为漏洞补充时，亦须以诚实信用

---

① 游明慧：《论先契约责任——以建构我国法制为中心》，台湾大学硕士学位论文，2008年，第23~24页。

② 梁慧星：《民法总论》（第二版），法律出版社2001年版，第46页。

③ 《诚实信用原则与漏洞补充》，见梁慧星主编：《民商法论丛》（第二卷），法律出版社1994年版，第63页。

原则予以补充。这是诚实信用原则在法律漏洞的补充功能。① 韩世远教授进一步具体化，认为诚实信用原则在合同的不同阶段也发挥了不同的功能。在合同的缔结阶段，虽然尚未存在合同关系，但根据诚信原则，在进入磋商的当事人之间已经存在先合同义务，包括向对方提供缔结合同的必要信息，为对方保守秘密，为了保护对方的合理信赖而限制要约的撤销，等等。②

诚实信用原则是极度抽象且概括的概念。德国法学家卡尔·拉伦茨曾言："至于在一个具体情况下的权利行使究竟在什么条件下才是违反诚信原则，因而不被准许，是无法逐一列举的，因为'诚实信用'是一个一般条款，它需要通过判例来进行补充和不断予以完善。"③ 因此，对于接受诚实信用原则的法系或国家，如何界定诚实信用原则这一不确定的法律概念，在适用上如何能将某种行为类型归类为符合或是违反诚信原则的行为类型，是必须面对的难题。徐国栋教授在其《诚实信用原则研究》一书中，曾对我国民法学界对诚实信用原则的概念的界定做过经典的概括。他认为，自 1986 年《民法通则》确立诚信原则以来至 2001 年，学界就如何理解诚实信用原则形成了"语义说"和"一般条款说"两种观点。④ 他的论断今天依然准确，目前多数民法学者要么采用"语义说"界定诚实信用原则，要么采用"一般条款说"界定诚实信用原则，要么采用将二者结合起来的"综合说"。"语义说"认为诚实信用原则是对民事活动的参加者不进行任何欺诈、恪守信用的要求。"一般条款说"主张诚实信用原则其意义不只是字面上的"讲诚实、守信用"，而应与现代各国民法上的诚实信用条款一样作相同理解，是司法者据以解释、补充、协调法律的授权规范，具有"帝王条款"的地位。⑤ 王利明教授主编的《民法》则将两说结合起来，提出所谓"诚实信用"，要求出于法律上特殊联系的民事主体应

---

① 《诚实信用原则与漏洞补充》，见梁慧星主编：《民商法论丛》（第二卷），法律出版社 1994 年版，第 66 ~ 67 页。

② 韩世远：《合同法总论》（第二版），法律出版社 2008 年版，第 34 页。

③ ［德］卡尔·拉伦茨著，王晓晔、邵建东、程建英、徐国建、谢怀栻译：《德国民法通论》（上册），法律出版社 2013 年版，第 308 页。

④ 徐国栋：《诚实信用原则研究》，中国人民大学出版社 2002 年版，第 1 页。

⑤ 龙卫球：《民法总论》（第二版），中国法制出版社 2002 年版，第 62 页。

忠诚、守信，做到谨慎维护对方的利益、满足对方的正当期待、给对方提供必要的信息等。民法上的诚实信用原则是最低限度的道德要求在法律上的体现。诚实信用原则作为一般条款，对当事人的民事活动起着指导作用，确立了当事人以善意方式行使权利、履行义务的行为规则，如果当事人行使违背诚实信用原则的要求，即构成权利滥用。①

而从欧洲大部分民法典来看，主要继受了罗马法上的诚信观念，将诚信原则区分为主观诚信和客观诚信。主观诚信总是被界定为主观状态：不知或不应知悉特定的事实或事件。尤其是在财产法中体现，例如善意取得。客观诚信则总是被认为是缔约当事人的行为标准：依据诚信行为或违反诚信行为。② 以德国法为例，《德国民法典》第九百三十二条关于“无权利人的善意取得”的规定，就是主观诚信（gutter Glauben），主要指不知情。客观诚信（Treu und Glauben）指当事人必须遵守以及判断其是否为诚信的行为准则。Treu，这个德语词的要素之一，意味着诚实、忠诚、可信赖；Glauben 则意味着信任和信赖意义上的相信。Treu und Glauben 这一组合有时似乎超越了其组成部分的总和，从而被普遍视为一个概念实体。它表明一种诚实、忠诚、考虑周全的行为之标准。③

徐国栋教授在比较法的研究基础上提出了关于诚实信用原则的新理论：“三种诚信说”。该说认为《民法通则》确立的诚实信用原则包含客观诚信、主观诚信和裁判诚信三个方面。第一，客观诚信的适用，要求当事人遵循维持当事人之间利益平衡，以及当事人与社会的利益平衡进行民事活动。第二，主观诚信是不知已经损害他人之权利的心理状态，它导致了占有物的行为。第三，裁判诚信的适用则表现为三种基本模式：①法院以诚实信用原则为任何权利的内在界限限制其行使，超出诚信的范围行使权利的，视为权利滥用；②法院在发生当事人不能预料的情势变更时，可依当事人的申请按照诚实信用原则调整法律关系的内容；③法院在具体案件

---

① 王利明主编：《民法》，中国人民大学出版社 2015 年版，第 31 页。

② 法国法对诚信原则没有严格区分为主观诚信和客观诚信。Martijin W. Hesselink，The Concept of Good Faith，in Hartkanpetal（eds）. *Towards a European Civil Code*，The Hague，London，Boston，2004，pp. 619－620.

③ ［德］莱因哈德·齐默曼、［英］西蒙·惠特克主编，丁广宇、杨才然、叶桂峰译：《欧洲合同法中的诚信原则》，法律出版社 2005 年版，第 104 页。

中按正义的要求扩张当事人的义务，这些义务都是法律规范未事先规定，合同当事人也未曾约定的，但其承担为保护人类团结所必要，因此法官课加给当事人。[①] 如果将“三种诚信说”套用以先合同阶段，主要体现的是客观诚信和裁判诚信中法官在具体案件中按正义的要求扩张当事人的义务。

德国法系国家和地区（包括我国法）目前通说均是将先合同阶段的客观诚信作为先合同责任的基础。同时，透过一系列先合同义务将先合同阶段的客观诚信具体化和类型化。本书第四章“先合同责任之类型”将具体阐述该问题，此处不赘述。值得注意的是，德国法系学者多从正面解释诚实信用原则，而普通法系著名学者 Robert Summers 选择从反面的角度定义诚信原则，通过“排除法”列出何种情形属于违反诚信原则来定义诚实信用原则。他根据美国法院的判决，罗列出构成“恶意”的行为类型，再对比形成诚实信用原则的内涵，即所谓的诚实信用行为包括：①完全披露重要事实；②实质履行，且不得违反特别约定；③不得滥用谈判优势；④应为合作行为；⑤应为勤勉行为；⑥行为应具有某种正当理由；⑦应公平解释合同文字；⑧接受适当的担保。[②] Summers 对诚信的界定实质上根据美国的判例将合同阶段的客观诚信具体化，其中还包含了先合同阶段的客观诚信，例如，当事人应完全披露重要事实、不得滥用谈判优势、应为合作行为、应为勤勉行为和行为应具有某种正当理由等。

（二）信赖保护原则

德国法通说认为诚实信用原则是先合同责任的实定法基础，基于诚实信用原则发展出先合同义务，违反先合同义务则承担责任。而在前文有关“信赖责任说”的介绍中，卡纳里斯又提出保护义务（包括先合同保护义务），其存在基础乃“被要求之信赖赋予”，其实定法之依据则为旧《德国民法典》第二百四十二条，即诚实信用原则。由此，我们可以将卡纳里斯先合同阶段信赖责任说的理论脉络归纳为：诚实信用原则→信赖保护原

---

① 徐国栋：《诚实信用原则研究》，中国人民大学出版社 2002 年版，第 1 页。

② ［德］莱因哈德·齐默曼、［英］西蒙·惠特克主编，丁广宇、杨才然、叶桂峰译：《欧洲合同法中的诚信原则》，法律出版社 2005 年版，第 104 页。

则→被要求之信赖赋予→先合同保护义务→责任。尽管卡纳里斯的信赖责任说在学说上遭受甚多的批评，但其在德国法上的影响甚大。德国著名民法学者迪特尔·梅迪库斯曾表示过，卡纳里斯提出的对“信赖的失望”肯定是缔约上过失责任的一个重要论据。[①] 2002 年，德国债法改革不仅在第二百四十一条第二款肯定了债务关系中的保护义务，而且在第三百一十一条第三款规定了附保护第三人作用契约和缔约上过失的“信赖”要件，一定程度上可以说是卡纳里斯的理论获得了立法上的支持。因此，不可否认在德国信赖保护原则也是先合同责任的基础。

卡尔·拉伦茨对德国法上法律行为交往中的基本原则——信赖保护原则是这样论述的：“在《德国民法典》看来，只有人与人之间的信赖至少普遍能够得到维持，信赖能够作为人与人之间的关系基础的时候，人们才能和平地生活在一个哪怕是关系很宽松的共同体中。在一个人与人之间互不信任的社会中，大家就像处于一种潜在的战争状态，这时候就无和平可言了。信赖丧失殆尽时，人们之间的交往也就受到了至深的干扰。因此，信赖原则同互相尊重原则、自决原则（其私法形式即为私法自治）、自我约束的原则（在约定行为，特别是在合同中）一样，是一项正当法的原则。”[②] 德国另一学者比德林斯基（Bydlinski）也将信赖保护原则视为传统的合同公正性原则之一。[③] 法律政策上之所以对于信赖加保护，是因为保护信赖可以塑造法律的安定性，并使信赖一方得以有计划地行动，提高法律行为交易的稳定性。从法律经济分析的观点，加强缔约前阶段的信赖保护，可以促成最佳的信赖决定，如果没有信赖原则的约束，信赖一方将承担全部的信赖成本，当事人将因此瞻前顾后、小心谨慎，致使信赖投入不足；但如果以严格的信赖原则约束，使缔约一方无论何时指出信赖成本、何时中断磋商，均可得到全部的信赖赔偿时，则将导致信赖的过度投入。

---

① ［德］迪特尔·梅迪库斯著，杜景林、卢谌译：《德国债法总论》，法律出版社 2004 年版，第 107 页。

② ［德］卡尔·拉伦茨著，王晓晔、邵建东、程建英、徐国建、谢怀栻译：《德国民法通论》（上册），法律出版社 2013 年版，第 58 页。

③ ［德］迪特尔·梅迪库斯著，邵建东译：《德国民法总论》，法律出版社 2000 年版，第 364 页。

因此，适度的信赖保护有其必要，能够产生最佳的信赖，提高缔约的可能性。①

受德国立法和学说的影响，我国部分学者将信赖保护原则作为先合同责任的基础进行论证。朱广新教授认为信赖保护，指在交易中，一方对由来于另一方的意思外观或重要交易事实的真诚相信，应得到保护的原则。②在缔约阶段，意思表示因错误而撤销和中断缔约的责任基础不是诚实信用原则，而是信赖保护原则。在他所主张的信赖保护原则中，“信赖概念既不以致害人一方为话语对象，又不以致害人一方的客观缔约行为或主观缔约心态为考察重点，更不会将案件的处理结果寄托于法官的自由裁量；而是关注于缔约当事人双方之间的特定信赖关系，既强调缔约一方（致害人、被信赖人）的言行是否激起了缔约另一方（受害人、信赖人）的信任，即致害人言行对他方当事人的诱发；又特别强调受害人在客观上对致害人言行的合理、正当依赖，即受害人的信赖行为。因此，信赖概念其实暗含了缔约当事人双方之间的一种互动、连带的事实关系，在这种关系中，致害人承担赔偿责任之缘由，一方面在于其向他方当事人作出了显然的意思表示；另一方面，在于缔约对方确实基于对显然意思表示的信任实施了一定的行为或改变了先前的地位”③。至于诚实信用原则与信赖保护原则之间的关系如何，朱广新教授主张信赖保护原则独立于诚实信用原则，并且具有强烈法技术特征的信赖保护原则不同于具有强烈伦理色彩的诚实信用原则。信赖保护往往只被视为一种法律技术手段，这种法技术主要发挥如下功能：①简化交易过程，提高法律行为交易的稳定性，如表见代理、表见代表行为等；②保护当事人已经付出的信赖，防止缔约当事人无辜遭受损失，从而保障交易安全。④

王焜博士在其著作中则提出信赖保护是诚实信用原则的体现。他提出信赖是法律关系中一方当事人的主观判断，这种判断有可能是依据不足的

---

① 杨宏晖：《缔约前资讯义务之研究》，台湾政治大学博士学位论文，2009 年，第 306 页。

② 朱广新：《合同法总则》，中国人民大学出版社 2008 年版，第 32 页。

③ 朱广新：《信赖责任研究——以契约之缔结为分析对象》，法律出版社 2007 年版，第 136 页。

④ 朱广新：《合同法总则》，中国人民大学出版社 2008 年版，第 32 页。

轻信甚至是盲信。但是，作为信赖原则保护对象的信赖必须是合理的信赖，这就要求信赖本身应当没有瑕疵，比如在表见代理制度中，要求相对人有理由相信行为人有代理权；在善意取得制度中，第三人应当非因过失而不知处分人无处分权。由此可知，合理信赖与主观诚信一样，都是一种对当事人主观心理状态的要求，是主观诚信在信赖保护制度中的具体化。[①] 涂咏松博士不仅同意王焜博士关于信赖原则源于主观诚信的观点，而且论证了信赖原则是一种独立的具体原则。他认为客观诚信作为当事人的一种行为规则，其强调了以其行为忠实地履行义务。这种义务本属于商业道德范畴，随着诚实信用进入法律的领域，它也成了一种法定的义务。鉴于商业活动中人们所应履行的义务的模糊与不确定，法律须对此保持一种开放式的吸纳态度。在不断发掘和总结这些来自商业道德领域中的义务的同时，法律将其冠名为附随义务，在合同订立阶段则成为先合同义务。于是，客观诚信成为先合同义务的伦理基础，违反客观诚信将导致对先合同义务的违反，产生先合同责任，这是真正意义上的缔约上过失责任。而因意思表示所产生的信赖损害赔偿责任的伦理基础是主观诚信。真正的缔约上过失责任和信赖损害赔偿责任都是以诚信为伦理基础，但是内容并不相同，以至于在诚信这一最高原则之下，产生了不同的具体原则，引领着两种责任走向不同的发展道路。信赖保护原则作为诚实信用原则的一个具体原则，具有鲜明的个性特征，通过对合理信赖的保护来满足交易安全的价值需求。[②]

笔者认为与德国法不同，我国实定法上尚未明确规定信赖保护原则，实务中法官也未采用信赖保护原则，因此，该原则是否是先合同责任的基础仍处于学术讨论范畴。如果从比较法的角度来看，普通法系的合同法早在 15 世纪即通过扩张“违约赔偿之诉”（assumpsit）对信赖进行保护。美国著名合同法学者 E. 艾伦·范斯沃思曾这样叙述：“一个决定强制执行允诺的类似的判断标准被确定下来：受允诺人由于信任允诺而改变了其状况，并且由于对方不履行允诺而受到了损害。什么也不做也可能让情形变

---

① 王焜：《积极的信赖保护：权利外观责任研究》，法律出版社 2010 年版，第 72 页。

② 涂咏松：《信赖损害赔偿责任研究》，法律出版社 2010 年版，第 119 ~ 121 页。

得更加糟糕。"[①] 他还举例说明，假设有一建筑商允诺在业主的房屋上进行特定的工程，业主则允诺完工时支付10000美元的报酬。因为业主信赖建筑商的允诺，业主另外租赁了房屋并搬了进去，以使建筑商可以进行其工作。如果建筑商没有进行工作，法律上保护业主的利益是有正当理由的，这是因为发生了损害。如果受允诺人因为准备履行而发生了费用，或者由于放弃了其他机会而遭受损失，那么违反允诺所导致的是浪费。这种损害是纯经济性的（purely economic），与因为不当行为（misfeasance）而导致的人身或者财产损害有所不同，因而相比之下，主张对其予以赔偿的观点的说服力要弱些。但是在一个依赖允诺而相互合作的社会，有充分的理由让违反允诺者承担浪费所造成的损失，以保护那些信赖允诺的人。[②] 然而，合同自由主义兴起后，信赖概念逐渐衰弱，普通法对信赖的保护主要纳入了侵权法的范畴。直到19世纪末期，普通法系各国以信赖为基础的赔偿责任在合同法、侵权法以及其他法律领域悄然复兴了。在合同缔结阶段，最典型的信赖保护的规范样式就是允诺禁反悔规则。[③] 与对待诚实信用原则的态度截然相反，今日普通法系各国对信赖保护原则的态度是积极的，从"不实陈述"到"默示的从契约"，这些制度的背后均以保护允诺的合理信赖理念为支撑。因此，在普通法系，虽然鲜少有学者讨论先合同责任的基础，但是将信赖保护原则作为该责任的基础进行说明应该不会引起太大的争议。

然而，在我国，学说讨论上引入普通法的信赖保护原则自无疑问，但未来立法和司法实务将该原则作为民法的一项基本原则似有相当之难度。王利明教授主张在未来的民法典编纂中"合同法也有必要确立信赖保护原则，鼓励守信和阻遏背信，提倡有约必守，相互信赖，相互协作，构建良

---

① ［美］E. 艾伦·范斯沃思著，葛云松、丁春艳译：《美国合同法》，中国政法大学出版社2004年版，第16页。

② ［美］E. 艾伦·范斯沃思著，葛云松、丁春艳译：《美国合同法》，中国政法大学出版社2004年版，第16页。

③ 朱广新：《信赖责任研究——以契约之缔结为分析对象》，法律出版社2007年版，第28页。

好的市场经济秩序”[①]。从法律继受角度而言，我国未来宜继受德国式的信赖保护原则。实际上，倡导信赖保护原则的王焜博士和涂咏松博士也遵从了德国法的传统，他们都认为诚实信用原则是上位概念，信赖保护原则是其下位的一项具体原则。但上述两位学者均将信赖保护原则建立在主观诚信基础之上，而德国学者却认为客观诚信“对另一方当事人给予应有关注的行事的标准，并且它还暗含和包括对合理信赖的保护”[②]。因此，德国学者的先合同责任基础的建构路径也可以概括为：客观诚信→信赖保护→被要求之信赖赋予→先合同保护义务→责任。笔者以为正如我国学者论证的一样，权利外观责任、要约与悬赏广告被撤销、意思表示错误撤销和无权代理而产生责任的思维重点应定位于如何保护当事人的合理信赖之上，主要考察的是当事人的心理状态是否是善意的，对表见代理、意思表示错误等事实是不知情的，从这个角度而言，这的确是主观诚信，而非客观诚信。因此，这类先合同责任的基础应为：主观诚信→信赖保护→善意→损害合理信赖→责任。

三、先合同责任基础思考结论

关于先合同责任的基础，国内外学者先后提出了数种理论，每一种学说都尝试说明缔约阶段责任的正当化原因，但尚未有一种学说能圆满地解释所有责任情形，即使是目前影响力较大的“社会接触说”与“信赖责任说”也因有瑕疵而遭受批评和质疑。鉴于缔约阶段所产生的责任之多样性和复杂性，实难以一种理论来说明先合同责任的基础。从学说的发展轨迹来看，大致上从先合同责任属性理论走向先合同责任功能性观点，晚近有越来越多学者基于法律经济分析方法，从先合同责任的经济功能观点说明其责任之依据。虽然两大法系的法律人无法在理论上就先合同责任的基础达成共识，但不可否认的是多数学者同意在德国法系国家或地区先合同责任的法律基础是诚实信用原则。由于我国民事立法将诚实信用原则确立为

---

① 王利明：《全面深化改革中的民法典编纂》，载《中国法学》2005 年第 4 期，第 39 页。

② ［德］莱因哈德·齐默曼、［英］西蒙·惠特克主编，丁广宇、杨才然、叶桂峰译：《欧洲合同法中的诚信原则》，法律出版社 2005 年版，第 104 页。

民法的基本原则，学界也普遍接受将该原则的适用范围延伸至先合同阶段，作为缔约上过失责任的实体法基础。受域外法律制度所倡导的信赖保护原则的影响，并且针对“违反先合同义务—承担责任”规范模式难以涵盖意思表示错误撤销、要约撤回和悬赏广告撤回及无权代理所产生的责任情形，我国学者提出缔约阶段的责任另一基础应是信赖保护原则，用“损害合理信赖—承担责任”的规范模式来建构意思表示错误撤销类损害赔偿责任。这一建议能弥补“违反先合同义务—承担责任”模式的不足，对完善我国先合同责任制度具有深远意义，应当采纳。因此，参考德国的“信赖责任说”，笔者认为我国先合同责任应以诚实信用原则为实定法基础，主观诚信和客观诚信项下均可衍生出具体的信赖保护原则，主观诚信所产生的信赖保护原则是意思表示错误撤销类责任之基础，而客观诚信所产生的信赖保护原则是缔约上过失责任之基础。下图可以明示笔者所赞同的先合同责任基础及由此建构的规范模式：

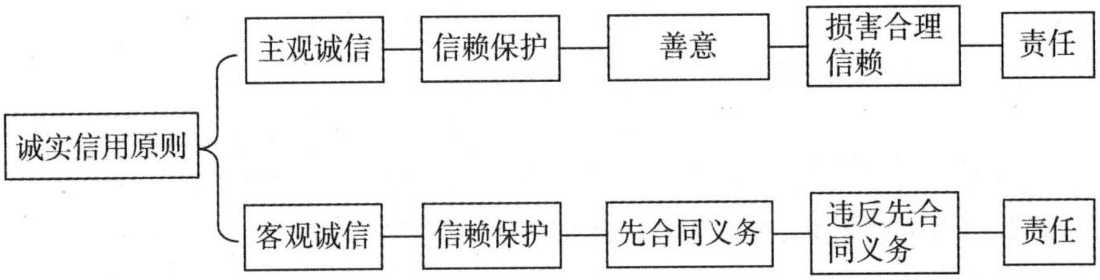

第三章

先合同责任之定位

第一节 先合同责任定位学说之探索

一、先合同责任定位学说之概述

（一）概况

传统民事责任体系区分为契约责任[①]和侵权责任，二者分属不同的法律规范，各有其独自的指导原理，各有其责任成立要件与法律效果，体现不同的理论基础，形成两种不同的责任体系，分别代表两种不同的责任原理。[②] 如何在传统二元分野下的民事责任体系中就先合同责任加以定位，引发学者们探索的热情。百年来，理论界先后涌现出了“侵权责任说”“合同责任说”“第三类责任说”和“非独立责任说”。侵权责任说认为先合同责任本质上有着侵权责任的性质，先合同阶段一方当事人对他方造成损害的问题完全可以纳入侵权法的调整范围。合同责任说主张先合同责任不属于侵权责任，先合同责任阶段形成的法律关系，应适用于合同法的规定。第三类责任说则提出先合同责任既不是侵权责任，也不能归入违约责任范畴，而是一种独立的民事责任类型。非独立责任说质疑第三类责任说，认为先合同责任内容的形成仍可能依据合同、侵权或其他法理，因此否定先合同责任是一种独立的责任类型，在实际操作中便不需排除任何运用民法现有责任原理的可能。下文将逐一对这四种学说进行分析。

（二）侵权责任说

先合同责任的发源地德国，立法者在1887年的民法第一草案立法理由

---

① 关于契约责任或合同责任概念的理解，学说上存在不同的看法。本书中的契约责任或合同责任概念等同于违约责任。参见陈吉生：《论缔约过失责任》，法律出版社2012年版，第18~19页。

② 陈忠五：《契约责任与侵权责任的保护客体》，北京大学出版社2013年版，第5页。

书中指出，除错误的撤销、自始客观不能和无权代理法定情形外，在缔约之际因过失不法侵害他人权益的行为，究竟属于侵权行为，还是对法律行为上义务的违反，是一项解释的问题，应由判例学说加以决定。① 在德国民法制定后十年内，除了法定情形外，当事人在缔约过程中因过失侵害相对人之财产、身体等行为，属于侵权法规范的范畴。换言之，先合同责任的定位是侵权责任说在德国民法上曾经为主流学说。然而，由于德国侵权法的规范模式、雇主责任、消灭时效等方面不利于保护缔约人的权益，判例和学说由侵权责任说转向了合同责任说。但是，德国仍有学者主张先合同责任应定位为侵权责任。1980 年，德国联邦司法部长就“是否建议于民法中将缔约上过失法理予以规范化及增设先契约权利义务之新规定”委托迪特尔·梅迪库斯教授提出鉴定意见。梅迪库斯教授认为，对于该问题，没有必要通过特别保护义务的理论适用合同法原理予以处理，只要按照侵权法原理即可对被害人提供适当的保护，因而主张没有必要对缔约上过失责任进行特别立法。合同法上的特别保护义务与侵权法上的“社会安全义务”，就内容而言在本质上没有差异，依据“社会安全义务”即可充分解决缔约磋商之际保护当事人身体、健康、财产等法益问题。对于履行辅助人的责任问题，透过对于雇佣人责任的规定之修正，尤其是删除有关雇佣人责任之免责规定，就可以适用侵权法的规定对被害人进行妥当的保护。然而，债法修正草案没有采纳梅迪库斯教授的见解。②

我国仅少数学者主张先合同责任应定性为侵权责任。台湾地区黄立教授和大陆的董安生教授、李中原教授、黄丽朵博士和陈吉生博士等学者赞同此学说。③ 这些学者多从比较法的角度探索先合同责任的定位问题，与德国判例和学说不同，有国家将先合同责任纳入侵权法之范畴。其中以法国法最为典型，该国理论与实务均将此类责任作为侵权责任，认为其适用《法国民法典》第一千三百八十二条所规定的侵权责任的一般原则。④ 陈忠

---

① 《缔约上之过失》，见王泽鉴：《民法学说与判例研究》（第一册修订版），中国政法大学出版社 2005 年版，第 85 页。

② 王洪亮：《缔约上过失制度研究》，中国政法大学博士学位论文，2001 年，第 11～12 页。

③ 参见陈吉生：《论缔约过失责任》，法律出版社 2012 年版，第 55～56 页。

④ 尹田：《法国现代合同法》，法律出版社 1995 年版，第 282 页。

五教授的论述具有代表性。他认为德国法上先合同责任制度的形成背景，与侵权责任法区别权利与利益予以差别性保护的规范架构，具有密切关系。侵权责任法规范功能上的局限，造成利益保护的规范漏洞，使得原本属侵权责任法适用领域的问题，必须借助不区别权利与利益均予平等保护的合同责任法理，才能解决问题。事实上，缔约阶段中的“先合同义务”，其发生与契约关系存在与否无关，是人与人之间经营社会生活关系接触往来过程中，所负的作为或不作为义务，性质上属于一种法律规定（实务上承认或创设）的“一般义务”，与侵权责任法上的“行为义务”，本质上并无不同。其所以称为“先合同义务”，只是因为义务发生时间紧邻合同缔结时点或与合同有效成立密切相关而已。违反此一先合同义务，行为即具有不法性，此一“不法”，也属于侵权责任法上的“不法”。因此，只要侵权责任法上平等保护权利与利益，扩大保护客体范围，一样可以提供被害人合理的救济渠道。[①]

（三）合同责任说

耶林最初为了解决罗马法下诉讼适用偏狭隘的问题而提出了将合同责任的诸多原则扩张至缔约阶段的观点。德国民法制定之际，多数起草者认为，不宜全盘接受其理论。因此，德国民法仅在若干情形设有规定。[②] 侵权责任说式微之后，德国判例所采纳的是合同责任说，认为缔约阶段当事人所形成的法律关系，适用于合同法的规定，无论称此种法律关系为准备的合同关系，还是类似合同关系，都是建立在合同法之上。1910 年至 1920 年间，帝国法院考虑实际的需要，采纳了目的契约说的观点，之后则采准契约说的观点，将先合同责任作为一种合同责任来处理。[③] 然而，由于一旦以合同属性说明先合同责任，则同于拟制当事人之合意，并不妥当。在肯定先合同责任的同时，对于合同自由与合同拘束的分界点仍应有所坚持，不可动辄介入支配当事人的意思，否则将瓦解缔约当事人的自主决定

---

① 陈忠五：《契约责任与侵权责任的保护客体》，北京大学出版社 2013 年版，第 172 ~ 174 页。

② 《缔约上之过失》，见王泽鉴：《民法学说与判例研究》（第一册修订版），中国政法大学出版社 2005 年版，第 85 页。

③ 刘春堂：《缔约上过失之研究》，台湾大学博士学位论文，1983 年，第 69 页。

权。现今德国多数学者已不再将先合同责任定位为合同责任。[①]

与德国学界相似，我国也仅有少数学者采纳合同责任说。主张该说的学者认为合同责任是以合同相结合具有债权债务关系之特定当事人间的法律问题为对象，其侵害行为出于特定债务人；侵权责任则以不问当事人间是否存有此种特殊关系均得发生之法律问题为对象，任何人均得为此项侵害行为，所以一般针对特定的绝对权，并有过失或恶意的主观要件，注意标准较高，否则将影响人们的自由生活，所以缔约阶段的损害赔偿问题从逻辑上应归属于合同责任。而且，透过合同责任来处理先合同责任问题，对于受害人比较有利，在侵权法上不能救济的案型中，通过合同法规则可以获得救济。如果修改侵权法来解决此类问题，则侵权法要解决一些特定关系当事人之间的关系，必然会破坏原有的逻辑体系，在诉讼时效以及举证责任等方面的修改，最终也会导致侵权法与合同法的界限模糊。[②]

（四）第三类责任说

经历了最初的合同责任说，以及回归侵权责任的少数说，德国法上现行通说逐渐走向独立的法定责任，先合同责任是既非合同也非侵权的“第三类型民事责任”，即基于当事人之间密切接触所生的信赖关系，透过合同准备阶段的交易接触及继续性交易结合，因而产生合同缔结前的法定债务关系，违反此债务关系之一方对受害人之他方负有损害赔偿责任。前文已述，德国当代著名学者克劳斯·威廉·卡纳里斯就主张在合同责任和侵权责任之间建立第三种类型的民事责任——信赖责任，先合同责任属于消极的信赖责任。

受德国学说的影响，我国台湾地区的王泽鉴教授认为缔约上过失责任属于法定的债的关系，因当事人从事缔约的准备或商议而发生，基于诚实信用原则而发生的先合同义务为其内容，此种责任是独立于契约及侵权外的第三种民事责任。[③] 我国大陆地区多数学者采纳该学说的观点。例如，

---

① 游明慧：《论先契约责任——以建构我国法制为中心》，台湾大学硕士学位论文，2008年，第151页。

② 王洪亮：《缔约上过失制度研究》，中国政法大学博士学位论文，2001年，第15~16页。

③ 王泽鉴：《债法原理》，北京大学出版社2009年版，第187页。

王利明教授和崔建远教授都赞成缔约上过失责任是一种独立类型的民事责任。朱广新教授认为，缔约上过失责任与信赖责任组成的先合同责任，作为一个概括合同订立阶段中产生的一切损害赔偿的概念，在民事责任中与违约责任、侵权责任组成有序的体系。① 笔者也曾借鉴德国法上“统一保护义务关系”说，主张将缔约上过失责任、加害给付责任、后合同责任和违反安全保障义务的民事责任分别从传统合同责任和侵权责任中剥离出去，建立第三种民事责任——保护责任。

（五）非独立责任说

有学者认为缔约阶段的损害赔偿问题，具体操作上不必局限于单一的原理，而是开放式地适用各种可能的制度基础。先合同责任是独立的法定责任观点，似乎是赋予了先合同责任一个明确且崭新的责任定位，可免于陷入合同或侵权责任之争。但是，既然先合同责任独立于合同或侵权责任之外，为何又适用上述责任的法理来处理？所谓的“独立”仅指性质而未及责任内容，如此一来将令人质疑该责任在性质上是否确实“独立”。从目的论角度而言，判定一种责任的属性，除了展现其独特性之外，更重要的是在决定如何适用或操作此责任内涵，以寻求解决具体案例问题之道。因此，不妨不再将先合同责任视为一种独立的责任类型，在实际操作中适用各种不同的原则予以规范，包括法律效果、诉讼时效、使用缔约辅助人的一方当事人等问题，都有可能利用其他如不当得利、侵权责任、合同责任等责任原理来处理。②

二、先合同责任定位学说之评析

从先合同责任定位的百年学说史来看，虽然该问题至今仍存在争议，但是学界普遍承认缔约阶段当事人之间的关系具有特殊性。首先，缔约当事人之间的关系与传统侵权责任规范的陌生人关系不同。当事人因缔约磋

---

① 朱广新：《信赖责任研究——以契约之缔结为分析对象》，法律出版社 2007 年版，第 294～295 页。

② 游明慧：《论先契约责任——以建构我国法制为中心》，台湾大学硕士学位论文，2008 年，第 156～159 页。

商而互相接触，为了追求彼此的共同目的，有意识地对相对人开放其权利领域，因而遭受较高的损害危险，这与侵权法所规范的当事人关系的典型状态，即“偶然接触”关系，显然不同。因此，德国判例和学说主流观点否定“侵权责任说”后，最初将缔约当事人之间的关系界定为一种“类似契约之法律关系”，晚近又将两者之间的关系界定为一种“特别结合关系”，并且这种关系属于一种法定的债务关系。对于置身于这种特别结合关系中的当事人，如果采用传统侵权责任的方法课以责任，那么对特定的磋商当事人的权益保护程度是否过弱？否定将先合同责任定位于侵权责任的学者，均认为先合同阶段的先合同义务在范围上和强度上超过了侵权法上认可的行为义务。例如，卡尔·拉伦茨教授认为侵权法上的交易安全义务是一项针对“来自公众的任何一人”而产生的义务，因而并不足以在债务人和因此而受到保护的人之间建立一种具体的债务关系，对它的违反仅能视为“不法行为”而不能视为违反了具体的（针对一定的人产生的）债务人的义务。[①] 其次，缔约当事人之间的关系又与传统合同责任规范的有效合同当事人之间的关系不同。有效合同当事人之间的关系建立在意志自由基础之上，为了保证双方的缔约目的能够实现，现代合同法要求双方当事人妥当履行源于意思自治的约定义务和诚实信用原则的附随义务，通常情况下当事人一旦违反了约定义务和附随义务，不问其主观上是否有过错，即应承担合同责任。而近代法最初是不规范缔约当事人之间的关系的，现代社会人与人之间经营社会生活关系接触来往越来越多，尤其是德国法及受德国法影响较大的国家和地区的民法将诚实信用原则的适用范围扩张至先合同阶段，才将缔约当事人之间的关系纳入现代合同法的调整范畴之内，通常情况下要求双方当事人有过错，方承担先合同责任。此种责任不仅仅在产生基础和归责原则上与传统的违约责任有别，而且在构成要件和法律效果方面均存在差异，所以目前在德国占主流的观点认为先合同责任不应定位于合同责任。

正是由于缔约人之间的关系在本质上既不同于传统侵权法规范的典型偶然接触关系，又不同于传统合同责任产生的有效合同当事人间的关系，

---

① 李昊：《交易安全义务论——德国侵权行为法结构变迁的一种解读》，北京大学出版社 2008 年版，第 167 页。

各国民法欲规范缔约阶段的关系，解决先合同阶段的损害赔偿责任问题，要么扩张传统侵权责任（法国），要么扩张传统合同责任（德国）。坚守近代民法所确认的侵权责任和合同责任的概念，那么先合同责任既不是侵权责任，也不是合同责任。现今德国和我国多数学者正是遵循近代民法所确立的这种严格的二元责任划分的传统，主张先合同责任既不是侵权责任，也不是合同责任，而是第三类民事责任。而一旦放弃对这种传统的坚守，就不难理解为什么法国法将先合同责任定位于侵权责任。从这个意义上来说，先合同责任的定位与其说是性质界定的逻辑推演，不如说是一种法政策对法技术的权衡。“非独立责任说”其实就是一种法技术说。主张此观点的学者认为如果单纯讨论先合同责任的属性问题，将之定位为侵权责任未尝不是一个答案。但如果从结果论的角度出发，便会发现问题重心似乎已经转移至契约与侵权两种责任制度优劣的比较上。于是，随后的推论和思考模式将考量的是如何能更有利于被害人主张。或者，定性上争议的实益，正是要解决如何适用法律来处理一个不同于以往传统形态的问题。从比较法的角度观察，普通法系的英国法或美国法在先合同阶段所产生的个案问题在处理上直接适用各种不同的原则予以规范，所以有日本学者提倡适用包括诚实信用原则、合同责任及侵权责任等各种规定解决缔约之际所产生的各种损害赔偿问题，还有我国台湾学者认为将先合同责任定位为不具独立性格的民事责任的优点是，如果能回归运用民法现有的责任法理，就无须再独创一个本身无法妥善解决问题的责任类型，否则只是徒增困扰。[①] 显然，笔者要坚持将先合同责任定位于第三类民事责任必须论证该责任具有独立性且能妥善解决缔约阶段损害赔偿的责任制度，否则无法驳斥非独立责任说。下文先从比较法角度观察域外典型国家之立场，再考察我国立法和司法实践的态度究竟是什么，最后得出本研究的结论。

---

① 游明慧：《论先契约责任——以建构我国法制为中心》，台湾大学硕士学位论文，2008 年，第 156 ~ 159 页。

第二节　域外典型国家先合同责任之定位

一、侵权责任

大陆法系典型国家主要根据本国的民事责任架构做出了不同的选择。如果该国的侵权法的适用范围较宽泛，则学说和判例通常倾向将先合同责任的性质确定为侵权责任。例如，《欧洲私法中的先合同责任》一书的相关论据，充分显示了比利时、芬兰、法国、西班牙和意大利的多数学者和法院判决认为违反诚信磋商义务而导致的先合同责任性质是侵权责任。[①]下文以法国法为例。

法国民法典承认先合同责任制度，却没有明确此种责任的法律性质。虽然部分学说继受耶林的理论，认为先合同责任具有类合同的性质，但多数学说和判决则主张先合同责任属于侵权责任。[②] 原因在于《法国民法典》建构了适用范围宽泛的大侵权行为法。《法国民法典》第一千三百八十二条规定："人的任何行为给他人造成损害时，因其过错，致该行为发生之人应当赔偿损害。"接着，该法第一千三百八十三条规定："任何人不仅因其行为造成的损害负赔偿责任，而且还因其懈怠或疏忽大意造成的损害负赔偿责任。"法国侵权法就自己行为责任的成立要件，仅需要过错、损害及过错与损害两者之间具有因果关系。首先，所谓过错，尽管法国民法未对其设有定义性的规定，通说认为指加害人违反了"一般行为标准"，原则上过错的程度不影响责任的成立：即使是最轻的过失也可能导致责任；其次，关于损害，法国民法亦采取宽松的解释，对于一般财产利益的损害，没有设原则性的限制规定，涵盖了纯粹经济上损失。因此，法国学说

---

① John Cartwright & Martijn Hesselink, *Precontractual Liability in European Private Law*, Cambridge University Press, 2008, pp. 21 - 63.

② Paula Giliker, *Pre-contractual Liability in English and French Law*, Kluwer Law International, 2002, pp. 120 - 123.

及法院判决多认为依据侵权行为法之规定即可妥善解决先合同责任问题。下文将通过法国最高法院 1972 年 3 月 20 日的著名判决予以说明。

此案的事实：1966 年 4 月，原告法国 G 公司与被告某美国制造商在法国的独家经销商 V 公司磋商关于购买制造水泥管机器事宜。为了解机器的特性和效能，并就价金及技术细节直接与美国制造商进行协商，同年 5 月 13 日至 23 日，G 公司的代表前往美国，参观访问了美国制造商。之后，G 公司要求 V 公司在 G 公司在美国制造商的各式机器中做出选择前，提供进一步的信息，但 V 公司未予回复。同年 6 月 4 日，G 公司得知美国制造商送要约给 V 公司，请其转达给 G 公司，但 V 公司未将该要约转达给 G 公司。同年 6 月 16 日，V 公司又与 G 公司的竞争者缔约，出售美国制造商同类型的机器，该合同还约定两年内 V 公司不得在法国东部出售同类型的机器。下级法院认为："V 公司故意保留美国公司欲提供给 G 公司的要约，并单方面无理由地破坏其与 G 公司的磋商，V 公司明知 G 公司将因此支出大量成本，却仍使 G 公司处于不确定的状态……V 公司因此违反商业关系中的诚实信用原则，构成侵权行为。"法国最高法院也肯定原告得依侵权行为主张损害赔偿，此种磋商无法仅以一通电话中止，被告明知此举将造成原告有损失，且已经造成原告信赖即将缔约，但最后却突然中断缔约，这种无正当理由中断磋商是鲁莽、滥权的，应依《法国民法典》第一千三百八十二条之规定负损害赔偿之责任。① 2002 年 2 月 12 日，法国最高法院商事庭做出的判决也表达了先合同阶段因可能的过错而应当承担的责任具有侵权责任的性质。②

二、第三种责任

奥地利、希腊、德国的学说和判决通常认为，先合同责任既不是合同责任，也不是侵权责任，而是与合同责任和侵权责任分立的第三种责任。然而，即使承认先合同责任是一种独立类型的责任，但学者们的观点仍有分歧，有的主张先合同责任接近合同责任（准合同责任），有的认为先合

① 参见唐采蘋：《中断缔约责任之损害赔偿范围》，台湾大学硕士学位论文，2010 年，第 75 ~ 76 页。

② 罗结珍译：《法国民法典》，法律出版社 2005 年版，第 1073 页。

同责任接近侵权责任（准侵权责任），还有的强调先合同责任介于合同责任与侵权责任之间。奥地利、希腊和德国的判决均肯定先合同责任是第三种民事责任，并且倾向先合同责任主要类推适用合同法的损害赔偿规则。[①]其中，以德国法最为典型。

德国民事责任体系原则上区分为合同责任和法定责任，分别规定了不同的责任成立要件，而侵权责任又是最普遍的法定责任。但是，德国侵权行为法适用范围较窄：其一，《德国民法典》第八百二十三条第一款规定："故意或有过失地不法侵害他人的生命、身体、健康、自由、所有权或其他权利的人，有义务向他人赔偿因此而发生的损害。"依据该规定，过错侵权行为保护的客体限于生命、身体、健康等权利，而不包括利益，即排除了一般财产上损害等纯粹经济上损失。其二，《德国民法典》第八百三十一条第一款规定："为某事务而使用他人的人，对该他人在执行事务中所不法加给第三人的损害，负赔偿义务。使用人在挑选被用人时，并且，以使用人须置办机械或须指挥事务的执行为限，使用人在置办或指挥时尽了交易上必要的注意义务，或纵使尽此注意也会发生损害的，不发生赔偿义务。"显然，该条赋予雇主得举证证明已尽相当注意义务则予以免责，不少情形受害人难以依据侵权法要求雇主承担先合同责任，1911 年的"亚麻仁油布地毯案"充分说明之。[②] 德国法侵权责任的规范限制，凸显了合同责任的法理延伸适用于缔约阶段的优势，尤其是先合同阶段的注意义务

---

① John Cartwright & Martijn Hesselink, *Precontractual Liability in European Private Law*, Cambridge University Press, 2008, p. 38.

② 该案的原告在被告商店购买数种商品之后，随即转至亚麻仁油部，拟选购亚麻仁油布地毯。原告对在该部服务的店员 W 表明此意，并就 W 所提供之样本从事选择。W 在取出原告所指示的种类时，将其他两轴地毯推放至一旁，两轴地毯不慎掉落，击中原告及站立其旁之幼儿，致两人摔倒在地受伤。于是，原告对被告请求损害赔偿。此案原告的损害赔偿请求权基础如果基于侵权法，则被告可以通过举证证明自己在选任雇员时已尽必要注意义务而免责。因此，法院最终判决原告进入被告商店请求展示商品，其与被告已形成一种准备买卖的法律关系（ein den Kauf vorbereitendes Rechtsverhältnis），基于该法律关系，被告对原告的健康以及财产具有注意义务，被告对其雇佣职员过失的行为，应依《德国民法典》第二百七十八条规定承担责任。Die Vertrauenshaftung im Lichte der Rechtsprechung des Bundesgerichtshofs, Claus-Wilhelm Canaris, 50 Jahre Bundesgerichtshof Festgabe aus der Wissenschaft, C. H. Beck, 2000, S. 176.

的性质及强度超过了一般侵权行为法上的注意义务，而与一般合同关系较为接近，适用合同法原则，较符合当事人利益。[①] 因此，德国法上的先合同责任制度与合同责任具有相当深厚的类似性。百年来，合同责任的法理主宰着先合同责任中许多法理原则的操作与适用。

2002 年，德国债法改革不仅未修正第八百二十三条和第八百三十一条之规定，而且延续了扩大合同责任法理适用的做法。首先，关于损害赔偿请求权的基础，缔约上过失的完整的请求权基础仍然在《德国民法典》第二百八十条，此与合同损害赔偿请求权依据相同；其次，由于缔约上过失的请求权基础在第二百八十条，该条规定的举证责任分配原则是由债务人举证证明损害的发生不可归责于自己，而此条正是合同法上合同责任之举证责任分配原则，因此原属合同法的举证责任亦扩张至先合同责任；最后，就一方当事人使用缔约辅助人与相对人进行磋商之情形，修法后将缔约辅助人也纳入了先合同法律关系之中，缔约辅助人之责任依据缔约上过失责任处理。总而言之，德国修法后先合同责任许多问题多根据合同责任规则加以解决，实质上传承了百年来判例法之精神，再度扩大了德国法上的合同责任。[②]

三、定位不明

1838 年的《荷兰民法典》关于先合同责任没有规定，长期以来，该国最高法院对于先合同责任的定位是不明确的，有时定位为侵权责任，有时定位为诚实信用原则，有时又定位于侵权和诚信两者之上。近年来，荷兰最高法院的相关判决直接基于诚实信用原则。大陆法系多数国家的民法典仅有两个责任领域，即合同责任和侵权责任，法院接受新的第三种责任领域将导致相当大的不确定性。[③] 新的《荷兰民法典》第六编第十节“损害赔偿的法定义务”第九十五条规定：“根据损害赔偿的法定义务应当予以

---

① 刘春堂：《缔约上过失之研究》，台湾大学博士学位论文，1983 年，第 36 页。

② 游明慧：《论先契约责任——以建构我国法制为中心》，台湾大学硕士学位论文，2008 年，第 26 ~ 27 页。

③ John Cartwright & Martijn Hesselink, *Precontractual Liability in European Private Law*, Cambridge University Press, 2008, pp. 47 – 48.

赔偿的损害包括财产损害和其他损害，后者以法律赋予获得相应赔偿的权利为限。”该法第三编第三百一十条第一款规定：“损害赔偿请求权或支付约定违约金的请求权，其诉讼时效为5年，从受害人得知所受损害或违约金可被请求并且得知责任人之日的次日起计算，但无论何种情形，从造成损害的事由发生之日或使违约金可被请求的事由发生之日起经过20年消灭。”① 由此可知，该法典为任何类型的损害赔偿责任提供了定位可能性。这种规范模式其实囊括除了约定违约金的责任之外的所有损害赔偿责任，侵权损害赔偿责任或先合同损害赔偿责任均为法定责任。

日本法与荷兰法一样，关于先合同责任之定位是不明晰的。我妻荣主张将先合同责任公式化，并将其定性为以诚信原则为由的合同法责任，具有债务不履行责任之性质。之后，日本学界延续了我妻荣之学说，更进展至以合同为基础的债务结构论。多数学者主张合同磋商开始，即形成由合同法予以规范的特殊信赖关系，因而产生诸多基于保护相对人利益之诚信义务，违反此种义务应当赋予比侵权责任更妥善的保护，将先合同责任定位于侵权责任和合同责任之间的中间位置，而且渐由前者移往后者。但是，从日本司法实务观察，最高法院对先合同责任之定位没有明确表态，下级审究竟将先合同责任定位为合同责任，还是侵权责任，观点不一，存在分歧。②

四、非独立责任

英国和美国法院均是运用诸多不同的制度来解决缔约阶段的责任问题，从而导致先合同责任是片段且零散的。英国法可能援引不当得利法、侵权责任法和禁反言原则等作为先合同阶段责任根据。例如，英国的判例British Steel Corp. v. Cleveland Bridge and Engineering，法官认为双方当事人仍处于磋商合同重要条款阶段，尚未达到英国合同法的确定性要求，则合同法没有介入此阶段的资格，应当透过返还法（Restitution）来决定磋商

---

① 王卫国主译：《荷兰民法典》，中国政法大学出版社2006年版，第95页。

② 参见游明慧：《论先契约责任——以建构我国法制为中心》，台湾大学硕士学位论文，2008年，第29～32页。

当事人间的风险分配以及何时一方确有向他方起诉的权限。① 美国第二次合同法重述的主要起草人 E. Allan Farnsworth 教授指出，原告可以依据欺诈、违约、不当得利向被告请求损害赔偿，也可依据主张默示合同之承认、衡平法上禁反言原则、准契约理论和恢复原状。在著名的 Hoffman v. Red Owl Stores, Inc. 一案中，法院运用了允诺禁反言作为课以当事人责任之基础。② 因此，两国法中的先合同责任并不是一种独立存在的责任类型，而是由众多不同原则结合而成，没有其特有的责任内涵，更缺乏单一体系的理论基础，难以进行定位。

第三节　我国法先合同责任之定位

一、我国民事立法先合同责任之定位

（一）民事基本法

我国的民事基本法是 1986 年的《民法通则》。该法第五十八条规定了："下列民事行为无效：（一）无民事行为能力人实施的；（二）限制民事行为能力人依法不能独立实施的；（三）一方以欺诈、胁迫的手段或者乘人之危，使对方在违背真实意思的情况下所为的；（四）恶意串通，损害国家、集体或者第三人利益的；（五）违反法律或者社会公共利益的；（六）经济合同违反国家指令性计划的；（七）以合法形式掩盖非法目的的。无效的民事行为，从行为开始起就没有法律约束力。"紧接着，该法第五十九条规定了："下列民事行为，一方有权请求人民法院或者仲裁机关予以变更或者撤销：（一）行为人对行为内容有重大误解的；（二）显失

① Paula Giliker, *Pre-contractual Liability in English and French Law*, Kluwer Law International, 2002, p. 73.

② Robert E. Scott, Hoffman v. Red Owl Stores and the Limits of the Legal Method, *Hastings Law Journal*, 2010, Vol. 61, p. 876.

公平的。被撤销的民事行为从行为开始起无效。”该法第六十一条则明确规定了：“民事行为被确认为无效或者被撤销后，当事人因该行为取得的财产，应当返还给受损害的一方。有过错的一方应当赔偿对方因此所受的损失，双方都有过错的，应当各自承担相应的责任。双方恶意串通、实施民事行为损害国家的、集体的或者第三人利益的，应当追缴双方取得的财产，收归国家、集体所有或者返还第三人。”

从上述列举的三个法条可以看出，当时的立法者是从民事行为角度规定了民事行为无效或撤销的法定事由以及无效或者撤销后的法律效果和损害赔偿规则，并没有明确规定缔约阶段当事人的不当行为导致合同无效或撤销后应承担怎样的责任。但有学者认为由于民事法律行为被确认无效或者被撤销的原因发生于民事法律行为成立之前，亦即被确认无效或者被撤销的民事法律行为可以说是违反基于诚信原则而产生的先合同义务的结果，因而民事法律行为被确认无效或者被撤销后所产生的赔偿损失责任，在性质上为缔约过失责任。[①] 江平教授主编的《民法学》教科书也持相同的见解，当合同被确认无效或被撤销后，即已不存在合同，该责任所产生的依据为何？这便是大陆法系各国所谓的“缔约过失责任”。[②] 当然，也有学者持不同的见解。[③]笔者以为从《民法通则》的立法背景来看，该法当时并没有规定先合同责任制度的意图，但合同是最重要的民事行为类型，该法第六十一条与1981年的《经济合同法》第十六条的规定和1985年的《涉外经济合同法》第十一条的规定基本保持了一致，[④] 客观上解决了因先阶段当事人的不当行为造成合同无效或撤销后的损害赔偿问题。因此，综合《民法通则》第五十八条、第五十九条和第六十一条，可以做如下理

① 马俊驹、余延满：《民法原论》（第二版），法律出版社2005年版，第214页。

② 江平主编：《民法学》，中国政法大学出版社2007年版，第179页。

③ 参见陈吉生：《论缔约过失责任》，法律出版社2012年版，第71~72页。

④ 《经济合同法》第十六条规定：“经济合同被确认无效后，当事人依据该合同所取得的财产，应返还给对方。有过错的一方应赔偿对方因此所受的损失，如果双方都有过错，各承担相应的责任。违反国家利益或社会公共利益的合同，如果双方都是故意的，应追缴双方已经取得或者约定取得的财产，收归国库所有。如果只有一方是故意的，故意的一方应将从对方取得的财产返回对方；非故意的一方已经从对方取得或约定取得的财产，应收归国库所有。”《涉外经济合同法》第十一条规定：“当事人一方对合同无效负有责任的，应当对另一方因合同无效而遭受的损失负赔偿责任。”

解：①缔约阶段当事人不具备缔结合同的主体行为能力、欺诈、胁迫或者乘人之危、恶意串通、违反法律或者社会公共利益、违反国家指令性计划、以合法形式掩盖非法目的，造成合同无效后，则有过错的一方应当赔偿对方因此所受的损失，双方都有过错的，应当各自承担相应责任；②缔约阶段当事人对行为有重大误解、造成合同结果显失公平，如利用优势或者利用对方没有经验，致使双方的权利义务明显违反公平、等价有偿原则的，造成合同被撤销后，则有过错的一方应当赔偿对方因此所受的损失，双方都有过错的，应当各自承担相应责任。问题是此种损害赔偿究竟是合同损害赔偿，还是侵权损害赔偿，抑或是一种独立的损害赔偿？当时的立法者没有给出答案，而是将解释的任务交给了法官和学者。因此，我国民事基本法——《民法通则》对先合同责任定位的态度是不明的。

（二）合同法

我国统一合同立法之前，合同制度处于三法并存的局面，其中《经济合同法》第十六条规定了经济合同无效后的损害赔偿规则，《涉外经济合同法》第十一条则规定了涉外合同无效后的损害赔偿规则，无论两法的立法者是否引进了德国法的缔约上过失制度，这两条法条客观上都规范了缔约阶段的损害赔偿问题。1999 年的《合同法》结束了合同立法三足鼎立的格局，该法第四十二条和第四十三条明确规定了当事人在订立合同过程中有“假借订立合同，恶意进行磋商”，“故意隐瞒与订立合同有关的重要事实或者提供虚假情况”，“泄露或不正当地使用商业秘密”以及“其他违背诚实信用原则的行为”，给对方造成损失的，应当承担损害赔偿责任。尤其是第四十二条第三款的规定充分显示，我国合同法的立法者肯认了将诚实信用原则的适用拓展至缔约阶段。

《合同法》第四十八条第一款规定：“行为人没有代理权、超越代理权或者代理权终止后以被代理人名义订立的合同，未经被代理人追认，对被代理人不发生效力，由行为人承担责任。”该条规定了无权代理人订立合同，造成合同不生效时，应承担责任。《合同法》第五十二条、第五十四条和第五十八条规定了合同无效和可撤销的法定事由及法律效果。这三条对《民法通则》的相关规定做出了修正，合同无效或可撤销的损害赔偿规则可以理解为：①缔约阶段当事人不具备缔结合同的主体行为能力，欺诈、胁迫损害国家利益，恶意串通，以合法形式掩盖非法目的，损害社会公共利益，违反国家法律、行政法规的强制性规定，造成合同无效后，则有过错的一方应当赔偿对方因此所受的损失，双方都有过错的，应当各自承担相应责任；②缔约阶段当事人对行为有重大误解、显失公平、欺诈、胁迫的手段或者乘人之危，导致合同被撤销后，则有过错的一方应当赔偿对方因此所受的损失，双方都有过错的，应当各自承担相应责任。

那么上述合同法上规定的先合同阶段的损害赔偿责任是否就是合同责任？答案并不明朗，立法者并没有表态。另从民法体系来看，我国尚未有民法典，合同法总则部分目前正发挥着债法总则的功能，上述法条均规定于合同法总则部分，因此也有属于侵权责任的可能性。我国大陆学者关于先合同责任定位的问题的学说争鸣，最高人民法院司法解释的自相矛盾，均说明了合同立法尚未将先合同责任明确定位于合同责任，该问题仍然是悬而未决。

（三）侵权责任法

我国侵权责任法是否规范先合同阶段的损害赔偿问题？不少学者认为缔约之际未尽保护义务侵害相对人之人身权、物权的先合同责任，其请求权基础可以定于侵权上的损害赔偿请求权。[①] 反观我国的《侵权责任法》，该法第二条规定了侵权法的适用范围，立法者详细解释了该条立法背景：对于侵权法的保护对象，主要有两种观点：一种观点认为，应当尽可能详细地列举侵权责任法所保护的各种权益；一种观点认为，应当采取抽象概括的模式。这两种观点各有利弊，前一种做法清楚、明白，在法律适用上较为方便，但详细列举难以穷尽，难免挂一漏万；后一种做法具有开放性和包容性，能够适应未来侵权责任发展，但对于其具体适用范围容易产生分歧，不利于法律的统一适用。在充分借鉴国外相关立法例的基础上，从我国的实际出发，考虑到与现行法律的协调一致，最终采取“概括＋列举”的方式。同时，侵权责任法对民事权利和民事利益在保护程度和侵权

---

① 崔建远主编：《合同法》（第五版），法律出版社2010年版，第124页。

构成要件上没有作出区分。[①] 由此可见，我国侵权责任法明确了其保护客体不仅包括民事权利，而且包括民事利益，那么先合同阶段所产生的“人身权和物权损害”和“纯粹经济上损失”实质上均可纳入该法的调整范围之内。虽然立法者没有明确侵权法是否规范先合同阶段的损害赔偿问题，但我国侵权法确实有规范先合同阶段损害赔偿问题的可能性。董安生教授曾在论述缔约上过失责任时主张，以侵权行为来解释缔约上过失行为更符合实际情况，也更符合民法规则体系化的要求。将缔约上过失行为纳入侵权行为的控制轨道实际上已经是许多大陆法系国家民法实践中的现实，它是在民法典现有规则基础上解决缔约上过失责任的一种实际可行的途径。[②] 陈吉生博士也主张我国侵权法的结构为缔约上过失责任定位于侵权责任提供了可能性，并提出应将缔约上过失责任定位为侵权责任。[③] 然而，我国侵权法具有规范先合同责任的可能性，并不当然意味着先合同责任应定位为侵权责任，必须考量多种因素之后，再得出最适合我国法的结论。下文将对此问题做进一步论述。

二、我国司法实务中先合同责任之定位

（一）最高人民法院的司法解释

最高人民法院涉及先合同责任的司法解释对于其性质的理解存在争议，甚至存在自相矛盾之处。首先，1988 年最高人民法院《关于贯彻执行〈中华人民共和国民法通则〉若干问题的意见（试行）》第十七条规定了意思表示因第三人过失传达错误或者没有传达，可由意思表示人负赔偿责任，但该损害赔偿责任的性质如何，没有做出进一步的解释。其次，1999 年《最高人民法院关于适用〈中华人民共和国合同法〉若干问题的解释（一）》第九条和 2009 年《最高人民法院关于适用〈中华人民共和国合同法〉若干问题的解释（二）》第八条，将未生效合同中的当事人未按照法

---

① 王胜明主编：《中华人民共和国侵权责任法条文解释与立法背景》，人民法院出版社 2010 年版，第 17～20 页。

② 董安生：《民事法律行为》，中国人民大学出版社 2002 年版，第 116 页。

③ 陈吉生：《论缔约过失责任》，法律出版社 2012 年版，第 80～90 页。

律规定或者合同约定办理申请批准或未申请登记的行为，定性为《合同法》第四十二条第三项规定的“其他违背诚实信用原则的行为”，承担的是缔约上过失责任。但是，最高人民法院《关于审理外商投资企业纠纷案件若干问题的规定（一）》第一条则明确将当事人未按照法律规定或者合同约定办理申请批准的行为认定为违约行为，未履行此种报批义务的，需按“违约条款”承担违约责任。最后，最高人民法院的司法解释对会计师事务所、证券上市推荐人等专业机构出具虚假报告、虚假陈述，给信赖其虚假报告、虚假陈述进行交易的当事人造成损失如何承担的问题作了规定，这些责任也是先合同责任，司法解释则将这种责任定性为侵权责任。例如，2007 年最高人民法院《关于审理涉及会计师事务所在审计业务活动中民事侵权赔偿案件的若干规定》第一条规定：“利害关系人以会计师事务所在从事注册会计法第十四条规定的审计业务活动中出具不实报告并致其遭受损失为由，向人民法院提起民事侵权赔偿诉讼的，人民法院应当依法受理。”①

（二）法院的判决

从我国法院做出的判决来看，在 2011 年 2 月 18 日最高人民法院颁布新的《民事案件案由规定》之前，虽然不少诉讼案例涉及了先合同责任，尤其是缔约上过失责任，但判决书中法官很少使用“缔约过失责任”的概念。在无讼案例网站以“缔约过失责任”为关键词，2011 年前仅有 47 份民事裁判文书中提及了缔约过失责任概念。在这些裁判文书中，法官对缔约当事人承担的责任的性质完全是避而不谈的。

2011 年之后，最高人民法院在《民事案件案由规定》中将缔约过失责任纠纷列为“合同纠纷”项下的三级案由，解释该规定的最高人民法院法官明确说：“对缔约过失责任性质的认识，影响管辖法院的确定。虽有人主张，缔约过失责任属于一般侵权责任，但主流观点认为，缔约过失责任是一种独立于违约责任和侵权责任之外的责任类型。”② 在无讼案例网站以

① 参见陈吉生：《论缔约过失责任》，法律出版社 2012 年版，第 78 页。

② 奚晓明主编：《最高人民法院民事案件案由规定理解与适用》（2011 年修订版），人民法院出版社 2011 年版，第 130 页。

“缔约过失责任纠纷”案由为关键词，共搜索到612份民事裁判文书。2011年8份、2012年20份、2013年106份、2014年356份和2015年122份。[①] 显然，最高人民法院新增了“缔约过失责任纠纷”为民事案由之后，全国涉及先合同责任的案例逐年递增，法官开始更直接地适用缔约上过失制度。笔者考察了612份民事裁判文书之后，发现虽然多数法官们仍然回避缔约上过失责任的性质问题，但是少数法官已经开始论及缔约上过失责任的定性问题，甚至有个案针对缔约上过失责任的性质问题展开直接论证。

基层人民法院有379份民事裁判文书。在这些民事裁判文书中，对缔约上过失责任加以定性的判决书屈指可数。例如，2011年上海市浦东新区法院审理了熊某诉某上海贸易公司缔约过失责任纠纷案，法官在判决书中仅提及了“缔约过失责任不同于违约责任”。多数基层法院法官倾向于只界定缔约上过失责任的概念。比如，2012年陕西省澄城县人民法院审理王峰军诉张俊斌、刘福财缔约过失责任纠纷一案，从判决书中可以看出，审理此案的法官认为应依诚实信用原则互负一定的附随义务，即互相协助、互相照顾、互相告知、互相诚实，若一方违背了其所负有的附随义务，破坏了缔约关系，就构成了缔约过失。再如，在王甲诉桐庐建筑机械租赁有限公司缔约过失责任纠纷一案中，法官在判决书中对缔约过失责任进行了界定，所谓的缔约过失责任是当事人在合同订立过程中，一方当事人因违反诚实信用原则所应承担的先合同义务而造成对方信赖利益损失时应承担的民事赔偿责任。因此，缔约过失是缔约人违反了先合同义务所应承担的民事责任。

中级人民法院有202份民事裁判文书。2015年之前，法官在判决中界定了缔约过失责任的概念，肯定其为一种民事责任或赔偿责任，但未给予定性。例如，2011年上海市第一中级人民法院法官在某（上海）有限公司与某咨询有限公司一案二审民事判决书中主张，缔约过失责任是指在缔结合同过程中，因一方当事人的过错行为，给确信该合同约定有效成立的另一方当事人造成损害时，有过错的一方当事人应当承担赔偿责任。构成缔约过失责任是以另一方违背诚实信用原则为基础的民事责任，同时也是对

---

① http：//www.itslaw.com，2015年8月1日。

无过错者进行确有依据的补偿性的一种法律制度。譬如，2012 年学美（上海）教育信息咨询有限公司与陈某合同纠纷一案二审民事判决书中，法官主张认为缔约过失责任是当事人为缔结契约而在从事接触、磋商之际，一方当事人未尽必要的注意义务，致他方当事人遭受损害而应承担的赔偿责任。再如，2013 年，在成都市成华区青龙街道办事处与成都中银信投资有限公司缔约过失责任纠纷二审民事判决书中，法官提出缔约过失责任赔偿纠纷是指缔约过程中当事人一方或双方故意或过失地违反诚实信用原则负有的先合同义务时，在合同未成立、无效或撤销的情况下，依法应当承担的赔偿责任。然而，2015 年 6 月 10 日，由于两位上诉人均对案件究竟是缔约过失责任纠纷还是合同纠纷提出了质疑，湘西土家族苗族自治州中级人民法院的法官在谢生学、彭凤香与彭小花合同纠纷二审民事判决书中阐述了缔约过失责任纠纷与合同纠纷的不同。从判决书原文来看，该案一审和二审法官都认为所谓缔约过失责任纠纷是指在合同订立过程中，一方因故意或过失违背依其诚实信用原则所应尽的义务，使合同未成立、被撤销或无效而致另一方信赖利益的损失时应承担的民事责任引发的民事纠纷。而合同纠纷是指因合同的生效、履行、变更、终止等行为而引起合同当事人发生争议的民事纠纷。当事人订立合同，除书面形式外，还有口头形式和其他形式。可见，两审法官都主张缔约过失责任纠纷与合同纠纷是不同纠纷，判案适用的规则完全不同。

高级人民法院有 24 份民事裁判书。其中有一份民事判决书中法官肯定了缔约上过失责任既不是违约责任也不是侵权责任。该判决书为 2013 年甘肃省高级人民法院的“武威市凉州区南苑农业技术服务有限公司与兰州长城企划广告有限公司合同纠纷一案二审民事判决书”。法官在判决书中强调了缔约上过失责任是指缔约人故意或者过失地违反先合同义务时依法承担的民事责任。缔约上过失责任制度，解决订立合同过程中由于一方当事人恶意或者过失导致将要缔结的合同无效、被变更或被撤销、合同不成立，从而给对方当事人造成的损失承担问题。缔约上过失责任的构成，应当具备先合同义务的违反、缔约过程中过失的存在、损失的存在、因果关系等构成要件。先合同义务的存在及违反，是缔约上过失责任的前提，也是缔约上过失责任与违约责任和侵权责任相区别的重要特征。而先合同义务存在于要约生效后、合同成立之前，所以，缔约上过失责任也是对要约生效后、合同成立前这一特定时间段当事人之间关系的调整。

最高人民法院有4份民事裁定书。在这4份民事裁定书中，仅2014年7月25日作出裁定的“汉中市东城房地产开发有限责任公司与汉中市汉台区东关街道办事处雷家巷村民委员会、汉中市汉台区东关街道办事处雷家巷村第一村民小组其他合同纠纷申请再审民事裁定书”中，法官界定了缔约上过失责任。法官们是这样阐述的：“缔约过失责任一般是指在合同订立过程中，当事人因过失或故意致使合同未成立、被撤销或无效而应承担的财产责任。”[①] 究竟这种财产责任是什么性质的，最高人民法院裁定此案的法官们未给予回答。

三、我国民法典编纂中先合同责任之定位

经过对先合同责任定位的四种学说的分析，笔者以为先合同责任的定位更大的意义在于法政策对法技术的权衡。我国民事立法对先合同责任之定位也充分说明了此点。在我国合同法起草过程中，多数学者认为缔约上过失责任制度虽然不属于合同法的范畴，但由于我国当时尚未颁布民法典，该制度不能在民法典中加以规定，而现实迫切需要尽快确定该制度。立法者以为缔约过失责任与违约责任有密切联系，因此我国《合同法》第四十二条和第四十三条中专门规定了缔约上过失责任制度。[②] 但是，这种权宜的立法政策带来的是司法实践的定位不明，司法解释的相互矛盾，裁判中法官的犹豫不决。伴随着中国民法典编纂工作的重新启动，先合同责任在未来的民法典定位如何，也是需要斟酌的重要问题之一。

从比较法的角度观察，大陆法系新近编纂的民法典中，对于先合同责任的定位出现了两种思路。其一，统一法定责任。荷兰民法典将所有法定损害赔偿责任（包括先合同责任）定位于债法编，统一了责任的要件和时间限制，建构了统一的法定责任制度，实质上扩张了传统的侵权责任。其二，扩张合同责任。新德国民法典则采“一般规定+具体规定”的规范模式，将先合同责任定位于债法编中的不同于违约责任和侵权责任的第三类

---

① 本部分所有裁判书原文载自无讼案例网。http：//www.itslaw.com，2015年8月20日。

② 王利明：《违约责任论》（修订版），中国政法大学出版社2003年版，第774页。

责任，但实务操作中仍主要运用合同法原理，实质上扩张了传统的合同责任。而普通法系国家则尚未将先合同责任视为一种独立的责任，坚持运用既有的制度来解决缔约阶段之责任承担问题。这三种定位思路其实与各国判例法的发展密切相关。我们不难发现荷兰最高法院的判决中曾经将先合同责任定位于侵权责任，而德国的判例法最初就是援引合同责任原理来建构缔约上过失责任，普通法系更无须赘述。从这个角度来看，正如萨维尼所说："法不是理性的产物，而是在历史支配作用下的'民族精神'（Volksgeitst）之化身。"①

反观我国，由于1999年合同法设立了专门的条文规范先合同责任阶段的损害赔偿问题，我们在二十多年前就没有选择普通法的非独立责任的定位方式，我国法上现在没有必要放弃既有的做法，重新将先合同责任定位为非独立责任，用合同法和侵权法中不同的制度来解决缔约阶段所产生的责任问题。那么，我国是否选择荷兰民法典的做法，统一所有的法定责任呢？即使是主张缔约上过失责任应为侵权责任的学者也承认，我国在制定《侵权责任法》的过程中，基本上未对该法应否明确规定缔约过失责任的问题进行讨论。之所以如此，主要原因在于我国理论界和实务部门的主流观点并不将缔约过失责任作为侵权责任来对待，而将其视为第三类责任。因此，该学者也采用了折中的方式，缔约上过失责任从性质上属于侵权责任，虽然在《侵权责任法》中对其作出规定较符合逻辑体系，但由于缔约上过失责任产生于合同订立过程中，如何认定合同是否成立与生效、如何判断合同是否有效与可撤销的问题应由《合同法》作出规定，因此根据习惯做法同时在《合同法》中对合同不成立、未生效、无效或被撤销的责任承担问题即缔约上过失责任作出规定亦无不可。除《合同法》之外，《侵权责任法》也应对缔约过失责任有所规定，或在《合同法》中明确规定缔约上过失责任为侵权责任，在《合同法》无特别规定时应适用《侵权责任法》的有关规定。② 笔者以为，未来的民法典如果采取此种方式安排先合同责任，那么无疑是人为增加了适用的复杂性。我们现行法的态度其实更

---

① ［德］阿图尔·考夫曼、温弗里德·哈斯默尔主编，郑永流译：《当代法哲学和法律理论导论》，法律出版社2002年版，第88～89页。

② 参见陈吉生：《论缔约过失责任》，法律出版社2012年版，第265～270页。

接近于德国式的先合同责任定位，即使我国新的侵权责任法与德国侵权法不同，对其保护客体采取高度概括式的规定，完全可以将先合同责任纳入其调整范围，但目前尚未见裁判中法官直接援引侵权责任法规范先合同阶段的损害赔偿问题，主要援引的仍然是合同法的相关条文。

"围绕着自20世纪80年代以来颁布的一系列民事单行法，经过10年到30年不等的司法实践和学术研究，中国民法学界已经逐渐形成了自己的司法实践和理论学说的积累，虽然短暂，但也已经有了自己的传统。虽然这一传统不可避免地存在各种问题，但它毕竟是立足于中国现实生活而发展起来的，弥足珍贵，不能忽视其价值，更不应该通过法典编纂予以抛弃。从这个角度来说，在中国民法典编纂中应该尽最大努力，避免推翻既有的民事法律体系框架。"① 我国未来民法典对先合同责任的安排，也应当尊重既有的"第三类责任"的定位。先合同责任作为独立的责任类型，不仅因为传统的合同责任与侵权责任功能有所欠缺，而且有以下更深层的原因：交易是一个过程，最初是双方当事人开始接触，之后是相互磋商，双方意思表示一致，最终成交。法律所保护的交易，应该是对整个交易过程加以全面规制：对已经达成合意的交易的保护通过赋予合同关系并配置违约责任的救济途径达到目的；对接触磋商的保护通过赋予无主给付义务的法定债之关系并配置先合同责任的方式完成任务。② 因此，如果不设立债法编，仍保持现有《合同法》和《侵权责任法》并行的结构，那么先合同责任应仍定位于合同法之中。虽然此种责任是法定责任，但其与合同的发展密切相关，纳入合同法进行规范，援引合同法原理调整，更加妥适。如果设立债法编，则可以将先合同责任的规定从合同法中独立出来，以诚实信用原则为基础，设置不同于违约责任和侵权责任的成立要件和法律效果，具体的做法将于第六章"先合同责任之建构"进行讨论。

---

① 薛军：《中国民法典编纂：观念、愿景与思路》，载《中国法学》2015年第4期，第51页。

② 崔建远：《合同责任研究》，吉林大学出版社1992年版，第282～283页。

第四章

先合同责任之类型

第一节　先合同责任类型之概述

一、先合同责任的类型化

先合同责任问题是一个古老而又崭新的问题，百年来经由学说和判例的推动，早已超出最初限于具有缔约外观的理论原型，尤其在德国已经发展成庞大而复杂的责任体系。德国法系国家和地区（包括我国法）目前通说均是将诚实信用原则作为先合同责任的实定法基础。而诚实信用原则是一个“开放性”的规范，它的内容不能通过抽象的方式来确定，而只能通过其被适用的方式得到具体化。正如卡尔·拉伦茨所说：“当抽象——一般概念及其逻辑体系不足以掌握某生活现象或意义脉络的多样表现形态时，大家首先会想到的补助思考形式是‘类型’。”① 而类型（typen）是开放的，不是闭锁的，是具有弹性的，不是一成不变的，因此具有创设发展的可能性。② 德国法院在缔约阶段创设性地适用诚实信用原则，百年来形成的诸多涉及先合同责任的判例难以进行一般化的归纳，德国学者首先选择将此类判例进行类型化研究。受德国学者类型化研究方法的影响，我国学者在研究先合同责任时通常也选择此种方法。在笔者所阅读的中文文献中，几乎每位学者在讨论缔约上过失责任或先合同责任时都分析了缔约上过失责任的类型或先合同责任的类型，因此本研究也无法绕开对先合同责任的类型之讨论。下文将先对德国学者和我国学者既有的类型化研究成果进行分析。

---

① ［德］卡尔·拉伦茨著，陈爱娥译：《法学方法论》，商务印书馆 2005 年版，第 337 页。

② 《缔约上之过失》，见王泽鉴：《民法学说与判例研究》（第一册修订版），中国政法大学出版社 2005 年版，第 93 页。

二、域外先合同责任类型之见解

（一）合同效力法

德国多数学者主要将缔约阶段的损害赔偿类型按合同发展阶段及效力进行整理说明，分为：①合同有效；②合同无效或不成立；③合同仅止于磋商而未臻缔结。此种分类，并非因其性质有所不同，仅是为将问题说明而采用的技术而已。学者们对上述三种情形的态度也有较大差异。①

（二）损害法

著名民法学者梅迪库斯教授则主要按损害性质不同对先合同责任进行分类。第一种类型为身体及所有权损害。该类型案例的主要特征是，参加合同磋商的一方当事人因相对人而使自己的身体或者所有权受到侵害。例如，1911 年德国帝国法院审理的著名的“亚麻仁油布地毯案”，由于百货商场的职员堆放地毯不熟练而使顾客受到伤害；1968 年德国联邦最高法院审理的“试车损害案”，一位意欲购买汽车者在试车时使待售的汽车发生毁损；1976 年德国联邦最高法院判决的“蔬菜叶案”，一名未成年女孩陪伴自己的母亲去自助商场，并在商场因蔬菜叶而滑倒。在所有这些情形中，受害人均依据特别结合关系法而被判有损害赔偿请求权。第二种类型为财产损害。参加合同磋商的一方当事人不是在受《德国民法典》第八百二十三条第一款保护的法益方面受到侵害，而仅是在自己的财产上受到侵害。例如，如果一方当事人支出了费用，但因合同磋商失败或因合同无效而导致此种费用的支出无益，即为此种财产损害；或者一方当事人信赖合同磋商会取得成功（但最后却是失败的）而没有订立另外一份能带来利益的合同；或者一方当事人因信赖他方的陈述而订立了合同，但后来证明这些陈述是不正确的，因而合同条件是不利的。在这些情形中，受害人必须根据特别结合关系法来主张损害赔偿请求权。在此还要进行进一步的划分：①合同不生效力。这里又有两种案例类型之分。首先，没有有效合同

---

①　参见刘春堂：《缔约上过失之研究》，台湾大学博士学位论文，1983 年，第 73～80页。

的表象而致害的情形，具体而言，涉及的是“中断缔约”。在通常情况下，虽然在一方当事人因信赖将来缔约而已经支出了费用或者延误了其他缔约可能性的情况下，另外一方当事人仍然能够进行此种中断，但在具备特定要件时，应当负担赔偿信赖损害。其次，虽然完成了缔约，但合同为无效，合同一方当事人因信赖合同存在而遭受损害。②合同生效。损害表现为，一方当事人因另一方当事人具有过错（如提供不良咨询）而订立有效的、对自己构成妨碍的合同。梅迪库斯教授还特意介绍了缔约阶段第三人的责任。在合同磋商阶段，第三人（如居间人、法定或意定代理人以及其他的磋商辅助人）常常也参加合同磋商。如果这些人在自身引起了信赖，并且这种信赖为合同相对人所利用，那么这些人自己应承担责任。德国联邦最高法院基本上采纳了此种见解。[①]

（三）义务法

晚近，有德国学者从义务角度对先合同责任类型进行划分，但学者之间的看法存在细微差异。例如，约阿希姆·格兰胡伯（Joachim Gernhuber）教授主要细分为安全义务、磋商交涉忠实义务和说明义务。福尔克尔·埃梅里希（Volker Emmerich）教授则细分为交易安全义务和说明义务。[②] 采用义务法对先合同责任进行类型化的学者认为“亚麻仁油布地毯案”“香蕉皮案”和“蔬菜叶案”都是典型的违反交易安全义务的责任类型，而1912年著名的“营业权让与案”、1922年的“晶体酒石酸案”和1934年1月19日判决的“新闻纸债权担保案”则是典型的违反磋商交涉忠实义务和说明义务的责任类型。

三、我国先合同责任类型之观点

（一）合同效力法

受德国学说的影响，韩世远教授以“时间进程”和合同“效力状况”

---

① ［德］迪特尔·梅迪库斯著，杜景林、卢谌译：《德国债法总论》，法律出版社2004年版，第96～106页。

② Volker Emmerich, Das Recht der Leistungsstörungen, C. H. Beck, 2005, S. 83－132.

为标准和基点，提出缔约阶段的损害赔偿类型应根据当事人所欲缔结的合同是否有效成立，分为以下三种类型：①合同未成立型；②合同无效型；③合同有效型。第一种合同未成立型，包括未将通常的缔约过程（要约承诺）进行完毕，也可包括虽进行完毕但合同因欠缺其他要件而不成立。这一类型中最主要的情形是恶意磋商。第二种合同无效型，既包括合同自始无效的情形，也包括合同被撤销或者合同因不被追认而归于无效的情形。第三种合同有效型，虽然我国学理多不予承认，但现实中大量存在的是合同有效性的缔约损害赔偿问题，尤其是与消费者保护相关联。[①]杨立新教授和王培韧法官持相似观点。王法官将整个缔约关系的存续和发展分为两个时段：要约生效至合同成立前时段、合同成立至生效前时段。整个缔约关系存续、发展过程中合同的效力状况可有以下几种情况：合同未成立之状态、合同成立时即无效之状态、合同已成立但效力未定后无效之状态、合同成立且生效但被撤销后无效之状况。从这一角度，这一标准，缔约上过失可以分为：一是合同成立前适用缔约上过失责任之类型；二是合同成立后至生效前适用缔约上过失责任之类型；三是无效合同适用缔约上过失责任之类型；四是效力未定合同适用缔约上过失责任之类型；五是被撤销合同适用缔约上过失责任之类型。[②]

（二）法律规定法

我国大陆地区学者普遍倾向按现行法规定进行类型化。在大陆地区，影响力较大的崔建远教授主编的《合同法》一书提出缔约阶段的责任有如下几种类型：①恶意缔约。《合同法》第四十二条第（一）项关于“假借订立合同，恶意进行磋商”的规定，属于此类。②欺诈缔约。《合同法》第四十二条第（二）项关于“故意隐瞒与订立合同有关的重要事实或者提供虚假情况”的规定，即属于该类型。③违反人格和人格尊严等违背诚实信用原则的缔约［《合同法》第四十二条第（三）项］。④不履行报批义务时成立缔约过失责任，《最高人民法院关于适用〈中华人民共和国合同法〉若干问题的解释（二）》第八条规定：“依照法律、行政法规的规定

---

① 韩世远：《合同法总论》（第二版），法律出版社 2008 年版，第 108～112 页。
② 王培韧：《缔约过失责任研究》，人民法院出版社 2004 年版，第 142～143 页。

批准或者登记才能生效的合同成立后，有义务办理申请批准或者申请登记等手续的一方当事人未按照法律规定或者合同约定办理申请批准或者未申请登记的，属于合同法第四十二条第（三）项规定的‘其他违背诚实信用原则的行为’，人民法院可以根据案件的具体情况和相对人的请求，判决相对人自己办理有关手续；对方当事人对由此产生的费用和给相对人造成的实际损失，应当承担损害赔偿责任。”⑤擅自撤销要约时的缔约过失责任。⑥缔约之际未尽通知、保密等义务给相对人造成损失时的缔约过失责任（《合同法》第四十三条等）。⑦缔约之际未尽保护义务侵害相对人的人身权、物权时的缔约过失责任。⑧合同不成立时的缔约过失责任，可以类推适用《合同法》第五十八条的规定。⑨合同无效时的缔约过失责任（《合同法》第五十八条）。⑩合同被变更或撤销时的缔约过失责任（《合同法》第五十八条）。⑪合同不被追认时的缔约过失责任，类推适用《合同法》第五十八条的规定。⑫无权代理情况下的缔约过失责任（《民法通则》第六十六条第一款、《合同法》第四十八条及其解释）。[①]

王利明教授根据我国《合同法》第四十二条和第四十三条，主张缔约阶段的责任主要有如下几种类型：①假借订立合同，恶意进行磋商；②故意隐瞒与订立合同有关的重要事实或者提供虚假情况；③泄漏或不正当地使用商业秘密；④其他违背诚实信用原则的行为。除上述前三种情形以外的各种违反诚实信用原则、造成他人信赖利益损失的缔约过失行为，在实践中主要包括：违反初步的协议或许诺、违反有效的要约邀请、要约人违反有效要约、合同无效或被撤销、违反强制缔约义务和无权代理。[②] 李永军教授也依据我国合同法，认为缔约责任的类型主要有：①恶意磋商而致对方损害。根据我国《合同法》第四十二条的规定，假借订立合同恶意磋商而致对方损失的，应当承担损害赔偿责任。②未尽说明义务而致对方发生的损害。③泄露或者不正当使用商业秘密而致对方发生的损害。④无权代理而致相对人发生的损害（《合同法》第四十八条）。⑤因合同无效或者被撤销而致对方发生的损害（《合同法》第五十八条）。⑥其他违背诚实信

---

① 崔建远主编：《合同法》（第五版），法律出版社 2010 年版，第 123 ~ 124 页。

② 王利明：《违约责任论》（修订版），中国政法大学出版社 2003 年版，第 791 ~ 807 页。

用原则而致对方发生的损害。例如，一方当事人违反双方在意向书、备忘录等初步协议中规定的义务；悬赏广告不成立或者广告人撤销悬赏广告而使相对人受到的损失；因一方当事人的过错而使合同不具备法定形式，导致合同未成立或者被确认无效，给相对人造成的损失；按照法律规定合同应当进行登记方生效力而过错方没有登记，给对方造成的损失等。①

（三）归责原则法

朱广新教授根据责任的归责原则将先合同责任划分成两种类型。第一种类型为“一般缔约责任”，是指当事人在订立合同的过程中，“故意”实施违背诚实信用原则的行为给对方造成损害时，所应承担的损害赔偿责任。换言之，一般缔约责任，就是以“故意”为归责基础的损害赔偿责任，《合同法》第四十二条对此有明确规定。第二种类型为“特殊缔约责任”，是指根据法律规定的事由，一方当事人在使对方遭受信赖损失时，应负的损害赔偿责任。根据现行法的规定，特殊缔约责任包括缔约上信赖责任和缔约上过失责任。缔约上信赖责任主要为：①意思表示或传达错误被撤销后之损害赔偿责任；②无权代理人之赔偿责任；③悬赏广告撤回后的赔偿责任；④突然中断缔约之赔偿责任。缔约上过失责任，主要指以过失为归责基础的缔约责任，此种责任形态，以法律的特别规定为限。(《保险法》第十七条)②

（四）综合法

受域外学者“合同效力法”“损害法”和“义务法”等类型方法的影响，王泽鉴教授综合三种归纳法，认为缔约阶段的责任主要有如下类型：①合同不成立。合同在表面上虽已缔结，但实际上因当事人意思表示不一致而未成立时，有过失的一方，就相对人因信赖合同成立而所受的损失，应负赔偿责任。②合同无效。合同无效，有过失的一方应负损害赔偿责任。③缔约之际未尽通知等义务致他方遭受财产上损失。④缔约之际未尽

---

① 李永军:《合同法》(第二版)，法律出版社 2005 年版，第 178 ~ 179 页。

② 朱广新:《合同法总则》，中国人民大学出版社 2008 年版，第 114 ~ 119 页。

保护义务致他方身体健康遭受损害。[①]

刘春堂教授参酌德国、日本两国的判例学说及我国学者的观点，将缔约阶段的责任主要分为四种：①合同无效或不成立的责任。该类型责任是指因当事人一方于缔约之际或缔约前磋商准备阶段的过失，导致已经缔结的合同无效或不成立时，该有过失的一方当事人，对信赖该合同为有效或已经成立而遭受损害的他方当事人应负的责任。此类责任主要有三种情形：错误意思表示之撤销、无权代理和自始客观给付不能。他还指出了几种例外情形也属于缔约损害赔偿责任。首先，法律行为因违反强行性规定而无效时，明知或可得而知的一方当事人，应对非因过失信赖法律行为有效而遭受损害的当事人，负赔偿责任。其次，因当事人一方的过失，为履行法定或意定方式，不问其是成立要件抑或是生效要件，该因信赖合同已经履行法定或意定方式有效成立而遭受损害之相对人，得以缔约上过失“原则”，请求赔偿。再次，因被欺诈或被胁迫，而为意思表示者，表意者得撤销意思表示。于此情形，尤其是被欺诈时，可适用缔约上过失制度。最后，当事人信其意思表示已趋于一致，但实际上并未一致，法律行为不成立，在此情形，一方当事人因可归责于自己的事由，导致他方当事人误解，酿成意思表示不一致，该有过失的一方，就相对人因信赖合同成立遭受的损害，应负赔偿责任。②缔结不利内容合同的责任。该类型责任是指合同已经有效成立，因一方当事人在合同磋商阶段违反诚信原则，未尽说明义务、不实陈述等，导致所缔结的合同在内容上违反他方当事人的合理期待，使他方当事人遭受损害时，应承担责任。③合同仅止于磋商未臻缔结的责任。当事人已就缔约进行磋商，因当事人一方的过失，导致所意图或期待的合同未臻缔结，有过失的当事人对他方当事人因信赖合同得以缔结所遭受的损害，应负责任。④以合同磋商或准备机缘之加害行为的责任。这种类型是指一方当事人以合同磋商或准备磋商所发生的交易上接触为机缘，因他方当事人影响范围内之过失，致其身体、健康、财产等法益遭受与合同目的或合同利益没有直接关系的损失时，该有过失的当事人应当承担责任。但此种类型为德国法缔约上过失责任制度特色，因其侵权法

---

① 《缔约上之过失》，见王泽鉴：《民法学说与判例研究》（第一册修订版），中国政法大学出版社 2005 年版，第 94 页。

过于严苛，将此类本属侵权行为法领域的责任纳入缔约上过失责任，我国是否适用，有再研究的余地。[①]

隋彭生教授运用综合法对缔约阶段的损害赔偿责任类型作了如下归纳：①假借订立合同恶意进行磋商；②违反保证合同义务真实性的义务，包括以欺诈、胁迫、行贿手段订立的合同，乘人之危订立的合同，恶意串通订立的合同，缔约过程中的故意隐瞒行为、重大误解；③泄露或不正当使用商业秘密；④违法撤销要约；⑤违法预约；⑥缔约过程中未尽必要注意义务；⑦违反法律、行政法规强行性规定。[②]

第二节　我国法先合同责任类型之梳理

一、我国法先合同责任类型之概述

百年来，德国学界关于先合同责任类型的讨论十分热烈，学者们或用“合同效力法”，或用“损害法”，抑或是“义务法”，使用不同的方法归纳判例和解释实定法，并得出不同的结论。这些结论既有共识，又有分歧。林慧贞博士曾经对此做过总结，归纳出先合同责任的可能案例类型，[③]笔者深为赞同。参考其博士学位论文的结论，并且结合德国现行民法上的相关规定，目前德国实定法和判例肯定的先合同责任类型主要包括：①合同交涉磋商过程中加害相对人的人身及固有财产，该类型违反保护义务，侵害当事人的权利；②阻碍合同缔结，包括合同不成立、合同不生效、合同无效和缔约中断，当事人违反忠实义务，侵害的是当事人的纯粹经济上损失；③缔结有效而不符期待内容的合同，当事人违反忠实义务项下的说

---

① 刘春堂：《缔约上过失之研究》，台湾大学博士学位论文，1983 年，第 178 ~ 188 页。

② 隋彭生：《合同法要义》（第二版），中国政法大学出版社 2005 年版，第 103 ~ 107 页。

③ 参见林慧贞：《附随义务与民事责任之发展》，台湾大学博士学位论文，2005 年，第 69 ~ 70 页。

明义务，侵害当事人的意思自由权。

我国学者们受德国判例和学说的影响，从不同的角度，依不同的标准，对我国法上的先合同责任类型进行了划分。无论是“合同效力法”，还是“法律规定法”，抑或是“综合法”，我国大陆学者们基本上是将《合同法》不能纳入违约责任和传统侵权责任范围的责任，一律归入缔约上过失责任之中，仅有少数学者用同质性的“归责原则法”将先合同责任分为缔约上过失责任和信赖责任。[①] 但是，先合同阶段责任的归责原则仍然存在争议，[②] 本研究选择的对象是最广义的先合同责任概念，笔者拟选择多数学者采纳的“法律规定法”，对我国法上的先合同责任类型进行梳理。

我国《合同法》第四十二条规定：“当事人在订立合同过程中有下列情形之一，给对方造成损失的，应当承担损害赔偿责任：（一）假借订立合同，恶意进行磋商；（二）故意隐瞒与订立合同有关的重要事实或者提供虚假情况；（三）有其他违背诚实信用原则的行为。”从该法条的结构观察，其中第（三）项“有其他违背诚实信用原则的行为”是相对于第（一）项和第（二）项列举规定的概括规定，由此可以推导出隐藏于具体条文背后的原则是诚实信用原则。有学者认为由于诚实信用原则是一个“开放性”概念，《合同法》第四十二条实质上是任何先合同责任类型的成文法基础，[③] 笔者对此表示赞同，该条是我国法上先合同责任的一般条款。简言之，我国《合同法》第四十二条意味着当事人在缔约过程中，任何一方当事人有违背诚实信用原则的行为，造成他人损失的，都应当承担损害赔偿责任。

那么问题又出现了，哪些行为是违背诚实信用原则的行为？现行法上有具体规定，且学理上公认的仅有“假借订立合同，恶意进行磋商”[《合同法》第四十二条第（一）项]、“故意隐瞒与订立合同有关的重要事实或者提供虚假情况”[《合同法》第四十二条第（二）项]、“泄露或者不

---

① 参见涂咏松：《信赖损害赔偿责任研究》，法律出版社2010年版，第187页。

② 参见张家勇：《论前合同责任的归责标准》，载《法学家》2014年第1期，第102页。

③ Shen Wei & Kenny Yu, Rethinking Pre-contractual Liability in China—One Step Beyond China's Latest Judicial Interpretation, *Hong Kong Law Journal*, 2013, Vol. 43, p. 1.

正当地使用订立过程中知悉的商业秘密”（《合同法》第四十三条）和拒不履行报批义务［《最高人民法院关于适用〈中华人民共和国合同法〉若干问题的解释（二）》第八条］四种行为。至于《合同法》第五十八条“合同无效或者被撤销后……有过错的一方应当赔偿对方因此所受到的损失，双方都有过错的，应当各自承担相应的责任”，有学者认为，此处的“过错”的表现形式有多种，例如违反了法律的强制性规定，采用欺诈、胁迫等手段订立合同等。① 显然，这里的过错采用了客观过失的标准，因此学说上有主张根据该条的意思表示错误或传达错误，也是违反了先合同阶段诚实信用原则的行为。另外，根据《民法通则》第六十六条和《合同法》第四十八条的无权代理，多数学者主张无权代理造成他人损失属于违反了先合同阶段诚实信用原则的行为。然而，前文已述，近年来有少数学者质疑此种看法，认为意思表示错误或传达错误和无权代理并非违反了诚实信用原则的行为，而是违反了信赖保护原则。笔者认为，诚实信用原则为民法的基本原则，信赖保护原则是其项下的一个具体原则，诚实信用原则又分为主观诚信和客观诚信，同样的主观诚信之下的信赖保护原则产生的是善意，客观诚信之下的信赖保护产生的是先合同义务。因此，意思表示错误或传达错误和无权代理等所产生的损害赔偿责任背后的原则是主观诚信，欺诈、胁迫等手段造成合同无效或可撤销所产生的损害赔偿责任基于的原则是客观诚信。

参照域外判例和学说，学者们还提出我国法上的先合同阶段违背诚实信用原则行为还包括：①缔约之际未尽保护义务侵害相对人人身和固有财产的加害行为；②中断缔约行为；③撤回悬赏广告的行为；④恶意并行磋商行为；⑤违反初步的协议或许诺；⑥违反有效的要约邀请；⑦违反预约；⑧违反强制缔约义务。但是，我国法是否承认或应否将《合同法》第四十二条第（三）项的解释包括这些行为，实务界和理论界是存在争议的。此处暂不做分析，下文将对这些行为所导致的责任展开深入的讨论，再得出结论。

综上所述，我国法上的先合同责任是以诚实信用原则为基础的，主观诚信所衍生的先合同责任类型包括：①意思表示错误或传达错误；②无权

---

① 江平主编：《中华人民共和国合同法精解》，中国政法大学出版社 1999 年版，第 48 页。

代理；③要约撤销等损害善意相对人信赖的情形。客观诚信所发展的先合同责任类型包括：①假借订立合同，恶意进行磋商；②故意隐瞒与订立合同有关的重要事实或者提供虚假情况；③泄露或者不正当地使用订立过程中知悉的商业秘密；④拒不履行报批义务等违背客观诚信所要求的行为标准之行为。

二、我国先合同责任的一般规定

（一）诚实信用原则与《合同法》第四十二条

1986年我国《民法通则》第四条首次规定了诚实信用原则。合同法延伸了《民法通则》的规定，其第六条规定："当事人行使权利、履行义务应当遵循诚实信用原则。"诚实信用原则是相对于合同自由原则的防范性原则，如果合同自由原则为近代私法走向进步的重要标志，则随着现代私法由个人本位走向个人本位与社会本位相结合的转变，合同自由原则与诚实信用原则的结合和搭配，成为现代司法的重要标志。诚实信用原则不仅要求人们在进行交易行为时诚实不欺，更重要的在于维持当事人之间的利益平衡，要求当事人在尊重他人利益与社会利益的前提下，实现自己的利益。[①] 我国合同法不仅在一般规定中确立了诚实信用原则，而且以诚实信用原则为核心，建立衍生了一整套义务体系及适用规则。从《合同法》第四十二条的结构来看，第（三）项"有其他违背诚实信用原则的行为"是相对于第（一）项和第（二）项列举规定的概括规定，由此可以推导出隐藏于具体条文背后的原则是诚实信用原则。我国合同法的立法者将诚实信用原则扩张至合同订立阶段，司法实践者也承认缔约上过失制度的基础是诚实信用原则。多数学者认为《合同法》第四十二条是关于缔约上过失责任的一般性规定，[②] 尤其是该条采用了一个概括性的条款［第（三）项］，

---

① 江平、程合红、申卫星：《论新合同法中的合同自由原则与诚实信用原则》，载《政法论坛》1999年第1期，第7～8页。

② 有学者认为《合同法》第四十二条仅指合同未成立的损害赔偿责任，而不包括合同无效和可撤销合同责任。因此，《合同法》第四十二条规定的仅仅是缔约上过失的类型之一，而非关于缔约上过失的原则性规定。参见王洪亮：《缔约上过失制度研究》，中国政法大学博士学位论文，2001年。

即当事人在订立合同的过程中的其他违背诚实信用原则的行为，给对方造成损失的，应承担损害赔偿责任。因此，《合同法》第四十二条是缔约上过失责任的一般性规定。[①] 晚近，有学者主张该条是唯一的规范先合同责任的一般条款。[②]

（二）《合同法》第四十二条的解释

1.《合同法》第四十二条第（一）项和第（二）项

我国理论界和司法界解释《合同法》第四十二条第（一）项和第（二）项时，学者和法官均赞同它们是关于缔约上过失责任具体类型之规定。第四十二条第（一）项规定“假借订立合同，恶意进行磋商”，该项规定完全借鉴了国际商事合同通则的经验，[③] 所谓“假借”是一方当事人并没有订立合同的意思，只是为了损害对方利益，如故意与对方谈判而致对方丧失与他人交易的机会；[④] 所谓“恶意”则是指假借磋商、谈判，而故意给对方造成损害的主观心理状态。恶意必须包括两个方面内容：一是行为人主观上没有谈判意图，二是行为人主观上具有给对方造成损害的目的和动机。“恶意”是此种缔约上过失行为构成的“最核心”的要件。[⑤]

第四十二条第（二）项规定“故意隐瞒与订立合同有关的重要事实或者提供虚假情况”，此种行为属于缔约阶段的欺诈行为。《最高人民法院关于贯彻执行〈中华人民共和国民法通则〉若干问题的意见（试行）》第六十八条规定：“一方当事人故意告知对方虚假情况，或者故意隐瞒真实情况，诱使对方当事人作出错误意思表示的，可以认定为欺诈行为。”缔约阶段的欺诈行为即指一方当事人故意隐瞒与订立合同有关的重要事实或者

---

① 余延满：《合同法原论》，武汉大学出版社 1999 年版，第 173 页。

② Shen Wei & Kenny Yu, Rethinking Pre-contractual Liability in China—One Step Beyond China's Latest Judicial Interpretation, *Hong Kong Law Journal*, 2013, Vol. 43, p. 2.

③ 《国际商事合同通则》第 2. 15 条规定：“（1）当事人可自由进行谈判，并对未达成协议不承担责任；（2）但是，如果一方当事人恶意进行谈判，或恶意终止谈判，则该方当事人应对因此给另一方当事人所造成的损失承担责任；（3）恶意，特别是指一方当事人在无意与对方达成协议的情况下，开始或继续进行谈判。”

④ 江平主编：《中华人民共和国合同法精解》，中国政法大学出版社 1999 年版，第 32 ~ 33 页。

⑤ 王利明：《合同法研究》（第一卷），中国人民大学出版社 2009 年版，第 323 页。

故意告知对方虚假情况，诱使对方当事人陷入错误而订立合同。

多数法官和学者认为根据《合同法》第四十二条第（一）项和第（二）项的规定可以推导出缔约上过失责任属于过错责任。1999 年最高人民法院经济审判庭编著的《合同法释解与适用（上册）》明确提出，“缔约上过失责任之所以得以成立，在缔约过程中违反信用一方之所以要对对方的损失负责，是因为其主观上具有过错，即具有一定的可责之处”①。崔建远教授亦主张：“《民法通则》第六十一条第一款和《合同法》第五十八条都明确规定，合同等民事行为无效、被撤销场合的损害赔偿需要当事人的过错，《合同法》第四十二条关于缔约过失责任的规定也显然贯彻了过错的思想，《合同法》第四十三条的规定也可以解释为由过错的缔约人承担责任，所以，按照解释论，还是应当坚持缔约过失责任以过错为成立要件的观点。”② 然而，朱广新教授则指出，《合同法》第四十二条在恶意磋商情形中使用了“恶意”一词，在欺诈情形中又强调了“故意”，因此我国法并非全盘继受了德国法“缔约上过失”理论，而是有所选择地继受了“缔约上故意责任”。③ 本书以为，从文义解释的角度出发，《合同法》第四十二条第（一）项和第（二）项所规定的是以“故意”为主观要件要求的缔约上过失责任类型，但不能据此就直接推导出我国法上的缔约上过失责任归责原则仅限于故意原则。无论运用体系解释方法、目的解释方法或比较法解释方法，将我国现行合同法所规定的缔约上过失责任的一般归责原则解释为过错责任原则都是更加妥当的。

2.《合同法》第四十二条第（三）项

《合同法》第四十二条第（三）项规定了“其他违背诚实信用原则的行为”。对这类行为的界定有广义和狭义两种解释。江平教授主编的《中华人民共和国合同法精解》采用了广义解释，主张此类行为主要是指违反合同前义务的行为，常见的有以下情况：①一方未尽通知、协助等义务，增加了相对方的缔约成本而造成财产损失；②一方未尽告知义务，当事人

---

① 最高人民法院经济审判庭：《合同法释解与适用（上册）》，新华出版社 1999 年版，第 183 页。

② 崔建远：《合同法》（第二版），北京大学出版社 2013 年版，第 111 页。

③ 朱广新：《合同法总则》，中国人民大学出版社 2008 年版，第 115 页。

在订立合同时对一些必要的信息必须告诉对方当事人，如果没有告知对方当事人而让对方当事人遭受损失要承担缔约过失责任；③一方未尽照顾、保护义务，造成相对方人身或财产的损害。[1] 王利明教授则认为根据第四十二条第（三）项的规定，违反诚实信用原则的各种类型，除了《合同法》第四十二条第（一）项、第四十二条第（二）项和第四十三条规定的三种情形外，主要包括：违反初步的协议、违反有效的要约邀请、要约人违反有效要约、合同无效和被撤销、违反强制订约义务和无权代理。[2] 崔建远教授也认为《合同法》第四十二条第（三）项是违反人格和人格尊严等违背诚实信用原则的缔约，依照法律、行政法规的规定经批准或登记才能生效的合同成立后，有义务办理申请批准或申请登记等手续的一方当事人未按照法律规定或合同约定办理申请批准或未申请登记的，属于其他违背诚实信用原则的行为。[3] 韩世远教授同样采取了广义的解释。他认为《合同法》第四十二条第（三）项为“先合同义务”的发展留有了余地，例如警告义务和保护义务均可通过该项获得法定基础。[4] 狭义的解释则主张根据“其应入罪者，举轻以明重”的法律适用原则，合同立法者认为缔约责任应严格限定在缔约一方的“故意”范围内。因此，《合同法》第四十二条明确规定的是以故意为归责基础的一般缔约责任，即当事人在订立合同的过程中，故意实施违背诚实信用原则的行为，给对方造成损害时，所承担的损害赔偿责任。[5]

笔者主张《合同法》第四十二条第（三）项采广义解释。如果运用比较法的解释方法，我们可以厘清先合同阶段损害赔偿问题的发展脉络（详见本书第三章）。随着现代社会交易的复杂化，合同订立过程中所产生的损害赔偿责任早已超越了耶林时代所倡导的缔约上过失责任，在诸多国家，当事人在缔约阶段其主观上并无过错，但只要其行为足以引发另一缔约方产生“合理信赖”，并给该方造成损害，也需承担损害赔偿之责。我

---

① 江平主编：《中华人民共和国合同法精解》，中国政法大学出版社 1999 年版，第 32 ~ 33 页。

② 王利明：《合同法研究》（第一卷），中国人民大学出版社 2009 年版，第 323 页。

③ 崔建远：《合同法》（第二版），北京大学出版社 2013 年版，第 111 页。

④ 韩世远：《合同法总论》（第二版），法律出版社 2008 年版，第 125 页。

⑤ 朱广新：《合同法总则》，中国人民大学出版社 2008 年版，第 115 页。

国民事基本法肯定诚实信用原则为民法基本原则之一，而《合同法》第四十二条第（三）项正是该原则适用于合同订立阶段的法定依据。该原则不仅可以衍生出一系列的先合同义务，也可以派生出缔约阶段的“信赖保护原则”，为解决现实生活中不断涌现的各种各样先合同损害赔偿问题提供可行的实定法基础。因此，除现行法上关于先合同责任的具体规定之外，第四十二条第（三）项“其他违背诚实信用原则的行为”解释为兜底条款，涵盖其他所有缔约阶段违反诚实信用原则的行为，通过法官在司法实务中的具体适用，令现行法更好地满足社会发展之需。

三、我国先合同责任的具体规定

（一）概述

我国在《合同法》出台前，缺乏对先合同责任的一般条款的规定，但《民法通则》第六十一条、《经济合同法》第十六条和《涉外经济合同法》第十一条对合同无效或者被撤销后的损害赔偿问题作了明确规定，《民法通则》第六十六条则规定了无权代理未被追认时行为人应承担民事责任。因此，我国民事立法上早有涉及先合同责任的具体规定。1999 年的《合同法》第四十二条第（一）项规定了“恶意磋商”、第（二）项规定了“不实陈述”，第四十三条规定了“违反保密义务的损害赔偿责任”，第四十八条规定了“无权代理人责任”，第五十八条规定了“合同无效或者被撤销后的责任”，这些规定都是先合同责任的具体规定。同时，最高人民法院根据司法实践需要对缔约阶段所产生的责任问题又做出了若干司法解释，丰富了先合同责任的具体规定。前文已分析了“恶意磋商”和“不实陈述”，下文主要对违反保密义务的损害赔偿责任、无权代理人责任、合同无效或被撤销后的责任、违反报批义务责任和预约合同责任的具体规定进行分析。

（二）违反保密义务的损害赔偿责任

我国《合同法》第四十三条规定：“当事人在订立合同过程中知悉的商业秘密，无论合同是否成立，不得泄露或者不正当地使用。泄露或者不正当地使用该商业秘密给对方造成损失的，应当承担损害赔偿责任。”由于该条仅提到“应当承担损害赔偿责任”，并没有说明该责任的性质，因此，有学者主张“合同没有成立或者合同没有约定商业秘密问题，构成侵权行为”[①]。我国反不正当竞争法明确规定了在缔约中泄露和不正当使用商业秘密构成侵权，受害人可以提起侵权之诉，《合同法》第四十三条的立法本意并不是为了重复反不正当竞争法之规定，多数学者和实务界均认可该条规定的是当事人在订立合同中的保密义务，违反该义务所承担的损害赔偿责任属于缔约上过失责任的一种特殊情况。[②] 受害人则可以在侵权和缔约上过失责任之间进行选择。

1993 年颁布实施的《反不正当竞争法》第十条界定了商业秘密的概念。所谓商业秘密，是指不为公众所知晓、能为权利人带来经济利益、具有实用性并经权利人采取保密措施的技术信息和经营信息。“技术信息”是指在劳动生产、技术操作方面的经验、知识和技巧的总称。技术信息主要包括未申请专利的保密的关键性技术，如秘密配方。“经营信息”则是指企业公司经营运作中的保密性重要信息，如客户名单。当事人在订立合同中，因为相互之间的信赖关系，彼此会将不为他人所知道的技术信息和经营信息告诉对方，或者由于双方在缔约过程中不经意地知晓了对方的有关技术信息和经营信息，一旦对方当事人要求对这些技术信息和经营信息保密，则具有了商业秘密的性质。[③] 基于诚实信用原则的要求，缔约当事人应当对商业秘密互负保密的义务，如果任一当事人将对方的商业秘密对外公开（泄露）或者利用该商业秘密为自己谋利而损害他方利益（不正当地使用），则应当就此给对方造成的损失承担赔偿责任，学说上将这种责任归属于缔约上过失责任。

司法实践中强调缔约上过失责任作为一种过失责任，要求责任承担一方必须具有主观上的过失。因此，本条规定中当事人对他方秘密的泄露和“不正当地使用”均应该解释为是由于主观上的过错导致的泄露和不当使用。换言之，如果当事人主观上没有过错，则不承担违反先合同保密义务

---

① 孔祥俊：《合同法教程》，中国人民公安大学出版社 1999 年版，第 155 页。

② 最高人民法院经济审判庭：《合同法释解与适用（上册）》，新华出版社 1999 年版，第 186 页。

③ 江平主编：《中华人民共和国合同法精解》，中国政法大学出版社 1999 年版，第 34 页。

的损害赔偿责任。[①] 但是，理论上也有学者提出因泄露和不正当地使用商业秘密而给商业秘密的所有人造成了损失，行为人主观上出于故意或过失则不必考虑。

（三）无权代理人责任

我国《合同法》第四十八条规定："行为人没有代理权、超越代理权或者代理权终止后以被代理人名义订立的合同，未经被代理人追认，对被代理人不发生效力，由行为人承担责任。相对人可以催告被代理人在一个月内予以追认。被代理人未作表示的，视为拒绝追认。合同被追认之前，善意相对人有撤销的权利。撤销应当以通知的方式作出。"根据本条的规定，因无权代理而订立的合同，未经被代理人追认，对被代理人不发生效力，由无权代理人自行承担责任。至于该责任的性质是什么，法条并未予以明确。

学说上曾有学者主张无权代理责任是侵权责任，行为人应根据侵权法规定承担损害赔偿责任。我国台湾地区王泽鉴教授否定了此种观点，提出此种责任的性质应属法定担保责任，解释上，无论消极利益或积极利益，相对人均得主张，但信赖利益的请求，不得大于履行利益。[②] 大陆地区王利明教授也明确否定了无权代理人责任为侵权责任之观点。他认为："在实践中，依据侵权行为的规定并不能充分地保护第三人的利益。因为第三人虽受损害，但他所受的损害可能只是信赖行为人有代理权而遭受的信赖利益的损失，此种损失难以通过侵权行为法获得补救。"[③] 无权代理人在没有代理权、超越代理权或者代理权终止后以被代理人名义与相对人订立合同，表明无权代理人在订约过程中存在着过错，而相对人对其代理权也存在着一定的信赖，由于合同不能成立也使其信赖利益遭受损失，因此，可以基于缔约上过失责任制度而请求无权代理人赔偿损失。涂咏松博士从比较法的角度考察了典型国家和地区的无权代理人之责任，提出无权代理人责任不仅产生缔约上过失责任，而且产生信赖损害赔偿责任。相对人明知

---

① 最高人民法院经济审判庭：《合同法释解与适用（上册）》，新华出版社 1999 年版，第 186 页。

② 王泽鉴：《民法总则》，北京大学出版社 2009 年版，第 372 ~ 373 页。

③ 王利明：《违约责任论》（修订版），中国政法大学出版社 2003 年版，第 804 页。

或因过失不知对方没有代理权时的保护，由双方按照缔约过程中的过错大小比例，分担因无效合同所造成的损失，这一内容属于缔约上过失责任的范畴。而在相对人不知道且不应知道对方代理权的缺陷的情形中，《法国民法典》《德国民法典》《瑞士债务法》《日本民法典》《意大利民法典》《欧洲契约法原则》与“中国台湾地区民法典”，都采用了无过错的归责标准。换言之，无权代理人的损害赔偿责任不以其的过错为前提，相对方只需证明自己的损失，以及与对方无权代理行为之间存在相应的因果关系即可。而无权代理人即使证明自己无过错，只要不能否定对方信赖的合理性，便不能免责。① 这体现了一种纯粹的信赖保护精神，学者称之为“信赖责任”或“信赖损害赔偿责任”。②

（四）合同无效或被撤销后的责任

我国《合同法》第五十八条规定：“合同无效或被撤销后，因该合同取得的财产，应当予以返还；不能返还或者没有必要返还的，应当折价补偿。有过错的一方应当赔偿对方因此所受到的损失，双方都有过错的，应当各自承担相应的责任。”该条规定了合同被确认无效或者被撤销后，将产生损害赔偿责任。但是，该责任的性质究竟是侵权责任，还是合同责任，抑或是缔约上过失责任，该条同样没有明确规定。司法实务中通常认为该责任是一种过错责任，究竟责任的性质如何，没有严格的区别。但是，责任的性质不同，则损害赔偿的范围不同，因此学说上必须对合同无效或被撤销后的责任进行界定。③

台湾学者王泽鉴先生早在其《民法学说与判例研究》第一册中提出缔约上过失原则建立后适用于合同无效类型。因当事人一方的过失，导致合同无效时，缔约相对人就其因信赖合同已经履行法定方式有效成立而受之损害，得依缔约上过失原则，请求赔偿。④ 刘春堂教授的博士学位论文《缔约上过失之研究》从比较法的角度，分析了德国法的学说和判例，也主张合同无效

---

① 涂咏松：《信赖损害赔偿责任研究》，法律出版社 2010 年版，第 158～161 页。

② 陈自强：《民法讲义I：契约之成立与生效》，法律出版社 2002 年版，第 277 页。

③ 王利明：《违约责任论》（修订版），中国政法大学出版社 2003 年版，第 804 页。

④ 王泽鉴：《民法学说与判例研究》（第一册修订版），中国政法大学出版社 2005 年版，第 94 页。

后所产生的损害赔偿责任性质为缔约上过失责任。[①] 受台湾民法学者研究成果的影响，大陆地区多数学者认可合同被宣告无效或被撤销情况下应适用缔约上过失责任。崔建远教授认为“合同不成立、无效、被撤销或不被追认，当事人一方因此受有损失，对方当事人对此有过错时，应赔偿受害人的损失。这种责任就是缔约过失责任（culpa in contrahendo）”[②]。韩世远教授提出缔约上过失的第二种类型为“合同无效型”，所谓合同无效型，既包括合同自始无效的情形，也包括合同被撤销或者合同因不被追认而归于无效的情形。合同无效或被撤销后，有过错的一方应当赔偿对方因此所受到的损失，双方都有过错的，应当各自承担相应的责任。[③] 当然，在某些情况下，中国司法实践中主张合同无效不予赔偿。例如，最高人民法院法发〔2009〕19号第十条后半段规定：“后手受让人直接对金融资产管理公司主张不良债权转让合同无效并请求赔偿的，人民法院不予支持。”

（五）违反报批义务责任

《最高人民法院关于适用〈中华人民共和国合同法〉若干问题的解释（二）》第八条规定：“依照法律、行政法规的规定经批准或者登记才能生效的合同成立后，有义务办理申请批准或者申请登记等手续的一方当事人未按照法律规定或者合同约定办理申请批准或者未申请登记的，属于合同法第四十二条第（三）项规定的‘其他违背诚实信用原则的行为’，人民法院可以根据案件的具体情况和相对人的请求，判决相对人自己办理有关手续；对方当事人对由此产生的费用和给相对人造成的实际损失，应当承担损害赔偿责任。”我国学界和实务界均认可本条是对缔约上过失责任的一种特殊形态的规定。[④]

我国《合同法》第四十四条第二款规定：“法律、行政法规规定应当办理批准、登记等手续生效的，依照其规定。”《最高人民法院关于适用〈中华人民共和国合同法〉若干问题的解释（一）》第九条第一款规定：“依照合同法第四十四条第二款的规定，法律、行政法规规定合同应当办

---

① 刘春堂：《缔约上过失之研究》，台湾大学博士学位论文，1983年，第77页。
② 崔建远：《合同法》（第二版），北京大学出版社2013年版，第110页。
③ 韩世远：《合同法总论》（第二版），法律出版社2008年版，第111页。
④ 崔建远：《合同法》（第二版），北京大学出版社2013年版，第111页。

理批准手续，或者办理批准、登记等手续才生效，在一审法庭辩论终结前当事人仍未办理批准手续的，或者仍未办理批准、登记等手续的，人民法院应当认定该合同未生效；法律、行政法规规定合同应当办理登记手续，但未规定登记后生效的，当事人未办理登记手续不影响合同的效力，合同标的物所有权及其他物权不能转移。”虽然我国法律规定应当办理审批或者登记始生效的合同数量已经大大减少，但仍有相当数量的合同需要批准或者登记才生效。例如，农用地转用手续批准的土地使用权出让合同、划拨土地使用权转让合同、探矿权（采矿权）转让合同、中外合资（合作）经营企业合同、外商投资企业股权转让合同和上市公司国有股权转让合同等。在合同成立后，负有办理批准或者登记手续义务的一方当事人故意不去或者拖延办理批准或登记手续，致使合同不能生效，常常给另一方当事人造成损失，最高人民法院经过调研，将此种情形列为《合同法》第四十二条第（三）项规定的“其他违背诚实信用原则的行为”，以司法解释的方式将责任明确为缔约上过失责任。

缔约上过失责任的形式一般为损害赔偿责任，该条规定增加了“判决相对人自己办理有关手续”的责任形式，确实突破了传统的单一损害赔偿的责任形式。正如最高人民法院法官解释此条所说，根据促进合同交易原则，地方法院尝试在判决中判令负有办理批准或者登记手续义务的当事人去办理批准或者登记手续，以促进合同生效，但这种做法存在理论上的障碍。首先，经批准或者登记生效的合同，在批准或者登记手续办理之前合同本身只是成立而没有生效，如果一方要求另一方履行未生效的合同义务，法院予以支持，实质上是判令当事人承担违约责任；其次，从比较法的角度观察，缔约上过失责任形式主要为赔偿责任，没有采用强制履行缔结合同义务的责任形式。而实践的困难则是法院如果支持当事人的请求，判令一方当事人承担办理批准或者登记手续，而义务人不去办理批准或者登记手续时，基本上没有强制执行的可能。因此，2009 年最高人民法院在关于合同法的司法解释中放弃了地方法院判令义务人办理批准或者登记手续的思路，而是采用了可以判令由请求方自行去办理相关批准或者登记手续。[①] 然而，2010 年《最高人民法院关于审理外商投资企业纠纷案件若干

---

① 沈德咏、奚晓明主编：《最高人民法院关于合同法司法解释（二）理解与适用》，人民法院出版社 2009 年版，第 75 ~ 76 页。

问题的规定（一）》第一条规定："当事人在外商投资企业设立、变更等过程中订立的合同，依法律、行政法规的规定应当经外商投资企业审批机关批准后才生效的，自批准之日起生效；未经批准的，人民法院应当认定该合同未生效。当事人请求确认该合同无效的，人民法院不予支持。前款所述合同因未经批准而被认定未生效的，不影响合同中当事人履行报批义务条款及因该报批义务而设定的相关条款的效力。"该条明确了报批义务条款及相关的独立性及效力，为法院判令义务人履行报批义务提供了法律基础。

（六）预约合同责任

《最高人民法院关于审理买卖合同纠纷案件适用法律问题的解释》第二条规定："当事人签订认购书、订购书、预订书、意向书、备忘录等预约合同，约定在将来一定期限内订立买卖合同，一方不履行订立买卖合同的义务，对方请求其承担预约合同违约责任或者要求解除预约合同并主张损害赔偿的，人民法院应予支持。"该条第一次规定了预约的效力和违反预约的责任。预约是相对于本约而言的，其处于订立本约的先合同阶段，因此，违反预约的行为既是预约之违约行为，也可以视为本约之缔约过失行为。有学者明确提出违反预约是构成缔约责任的行为之一。[①]

在司法实践中，不少预约纠纷中，法官曾经援引《合同法》第四十二条第（三）项规定进行裁判。例如，2004 年上海市高级人民法院审理了宝威仓储（上海）有限公司与上海华治钢铁集团有限公司买卖合同纠纷一案，此案判决书如此解释违反预约之行为："作为预约合同的《和解协议书》也已依法成立，相对于一般的合同签订过程而言，原告更有理由信赖被告并期待合同成立，事实上由于原告从法律上对合同成立的错误认识而开始的履行准备活动也表明了原告对被告的信赖程度。然而，被告既违反预约合同所确定签订三份内贸合同的预约，又未按诚实信用原则在原告多次催告情形下，履行通知、忠实等先合同义务，被告对上述预约合同的违反及未履行先合同义务已构成缔约过失责任，依法应赔偿原告因信赖合同能够成立、生效而产生的损失。"但是，在《最高人民法院关于买卖合同

① 隋彭生：《合同法要义》（第二版），中国政法大学出版社 2005 年版，第 105 页。

司法解释理解与适用》一书中，最高人民法院的法官采纳了王利明教授的观点，主张虽然预约处于本约的缔约阶段，但违反预约的行为与缔约过失行为承担的责任应是不同的，预约不产生缔约过失责任，违反预约承担的是违约责任，此种责任可以事先约定；若未约定，则应以预约合同的情况由法官自由裁量。违反预约和缔约过失，违约方承担的都是守约方信赖利益的损失，只是缔约过失情况下，一般限定在守约方实际损失的范围内，而预约合同可能已经对本约标的物、对价等作出明确的约定，当事人对本约的期待利益已经固化，违约方一旦违约，守约方的期待利益也随之丧失，守约方还丧失了与他人订立同类本约合同的机会，从而导致机会损失可能变为现实损失。关于机会损失如何界定以及是否赔偿，理论界和实务界始终存在争论，尚未达成共识。①

笔者也倾向违反预约的行为不属于缔约过失行为。诚如王泽鉴先生所言："预约，乃约定将来成立一定契约之契约，本约则为履行该预约而订立的契约，故预约亦系一种契约（债权契约），而以订立本约为其债务的内容。双方当事人互负此项债务的，称为双务预约；仅当事人一方负担此项债务的，称为单务预约。"② 预约与尚未形成合同的初步协议不同，通常具备了合意性、约束性、确定性和期限性四个基本特征，实质上与本约一样是一种独立的合同。预约之目的在于订立本约，预约之标的是须在一定期限内订立本约，履行预约合同之结果是订立本约。预约与本约之间彼此独立又互相关联，两者之间是手段和目的之关系。虽然预约是无名合同，但符合《合同法》的规范并受其调整，所以预约合同和本约合同均为各具效力之独立合同。违反预约的行为产生的是违约责任，而非先合同责任。违反初步协议的行为则有可能产生先合同责任，因此，如何区分初步协议与预约将是理论与实务的又一重点与难点。

---

① 奚晓明主编：《最高人民法院关于买卖合同司法解释理解与适用》，人民法院出版社2012年版，第67～68页。

② 王泽鉴：《债法原理》，北京大学出版社2009年版，第115页。

第五章

先合同责任之实务

第一节　我国先合同责任一般规定之典型案例

一、我国先合同责任实务之概况

我国立法上对先合同责任作了较为完整的规定，但是在审判实践中如何理解和适用一般规定和具体规定，仍存在较大争议。虽然2011年最高人民法院颁布的《民事案件案由规定》将“缔约过失责任纠纷”作为一种独立的案由，但是以此案由起诉的案件并不多，全国可公开查询到的仅有670份民事裁判文书。根据中国裁判文书网上公开的裁判文书来看，尽管不少判决实际上适用了缔约上过失责任制度，但判决书中未直接出现缔约上过失责任制度。我国审判实践对于合同未生效、合同无效和被撤销情形下的损害赔偿问题，大多将其作为合同纠纷处理。例如，因合同无效或被撤销情形下的责任承担，法官通常不界定为缔约上过失责任，而是直接援引《合同法》第五十八条的规定，判决当事人返还因无效合同取得的财产，并按过错大小承担赔偿损失的责任。兹举一案例予以说明：

杨玉志与秦淑惠系夫妻关系，杨京系二人之女。2011年3月至5月期间，赵洁民共从杨玉志、秦淑惠、杨京处购得14件玉器。2011年4月3日、4月7日、4月10日、4月18日，赵洁民按照杨玉志的指示分4次将货款154万元汇至穆瑞欣账户，于2011年4月29日向杨玉志支付货款现金21.5万元，并曾向秦淑惠支付货款现金40万元、向杨京支付货款现金12万元。2011年10月4日，杨玉志、赵京民（赵洁民之弟）、赵洁民签订协议书，约定：杨玉志与赵氏三兄弟之间的玉器买卖纠纷经协商同意，由杨玉志补偿赵氏三兄弟23万元，今后双方不再提出任何异议；当天支付3万元，剩余20万元以银行汇款的形式支付。2011年10月5日，杨京向赵洁民转账126800元。2012年4月1日，赵洁民以诈骗为由向公安机关报案，北京市公安局朝阳分局委托北京市文物鉴定委员会就14件玉器进行鉴定，鉴定委员会出具京文物鉴字（2012）第8号鉴定意见称14组玉器为现代工艺品，北京市国宏信价格评估有限公司（以下简称“国宏信公司”）对本案14件物品进行了价格鉴定，国宏信公司出具国宏信（价）字2012第120170号价格鉴定结论书，鉴定结论为1.48万元。后北京市公安局朝阳分局出具不予立案通知书，因无犯罪事实决定不予立案。2012年5月16日，赵洁民向国宏信公司交纳鉴定费7000元。

一审法院判决认定：杨玉志、秦淑惠、杨京均参与到了向赵洁民出售玉器的过程中，赵洁民与杨玉志、秦淑惠、杨京构成买卖合同关系，该合同关系系各方当事人真实意思表示，合同内容不违背法律、行政法规的强制性规定，合法有效。基于杨玉志、秦淑惠、杨京之间的亲属关系，三人均向赵洁民交付货物收取货款，故一审法院认定三人为共同的出卖人，承担共同责任。关于赵洁民提出撤销合同的诉讼请求，《合同法》第五十四条规定：下列合同，当事人一方有权请求人民法院或者仲裁机构变更或者撤销：（一）因重大误解订立的；（二）在订立合同时显失公平的。一方以欺诈、胁迫的手段或者乘人之危，使对方在违背真实意思的情况下订立的合同，受损害方有权请求人民法院或者仲裁机构变更或者撤销。当事人请求变更的，人民法院或者仲裁机构不得撤销。意思表示有瑕疵的合同当事人可以撤销。杨玉志、秦淑惠、杨京将玉器卖予赵洁民，秦淑惠出具书面材料称玉器为汉代或者战国时期文物，但经文物部门鉴定均为现代工艺品，价值仅为1.48万元。赵洁民本意为购买古玉，但是杨玉志、秦淑惠、杨京交付的是现代工艺品，两者价值相差100多倍。杨玉志、秦淑惠、杨京未能举证证明售予赵洁民的玉器的合法来源，甚至未能明确说明前手卖家的姓名、联系方式等。从结果上看，赵洁民花费200余万元购买了价值1万余元的玉器对赵洁民明显不公平。综上，一审法院判定赵洁民与杨玉志、秦淑惠、杨京之间就14件玉器形成的买卖合同关系为可撤销的合同。关于赵洁民要求退款退货并赔偿损失的诉讼请求，《合同法》第五十八条规定：合同无效或者被撤销后，因该合同取得的财产，应当予以返还；不能返还或者没有必要返还的，应当折价补偿。有过错的一方应当赔偿对方因此所受到的损失，双方都有过错的，应当各自承担相应的责任。赵洁民与杨玉志、秦淑惠、杨京之间的买卖合同应予撤销，合同撤销之后杨玉志、秦淑惠、杨京应将收到的货款返还给赵洁民，同时赵洁民将14件玉器返还给杨玉志、秦淑惠、杨京。杨玉志、秦淑惠、杨京虚构玉器的年代，其行为存在过错，应赔偿赵洁民的利息损失及鉴定费损失。

二审法院判决也认为，我国《合同法》第五十四条规定：下列合同当事人一方有权请求人民法院或者仲裁机构变更或者撤销：（一）因重大误解订立的；（二）在订立合同时显失公平的。一方以欺诈、胁迫的手段或者乘人之危，使对方在违背真实意思的情况下订立的合同，受损害方有权请求人民法院或者仲裁机构变更或者撤销。本案杨玉志、秦淑惠、杨京将玉器出售给赵洁民，秦淑惠出具书面材料称玉器为汉代或者战国时期文件，但经文物部门鉴定均为现代工艺品，价值仅为1.48万元。赵洁民本意为购买古玉，但是杨玉志、秦淑惠、杨京交付的是现代工艺品，两者价值相差甚远。故一审法院认定赵洁民与杨玉志、秦淑惠、杨京之间就14件玉器形成的买卖合同关系为可撤销的合同并无不当。我国《合同法》第五十八条规定：合同无效或者被撤销后，因该合同取得的财产，应当予以返还；不能返还或者没有必要返还的，应当折价补偿。有过错的一方应当赔偿对方因此所受到的损失，双方都有过错的，应当各自承担相应的责任。赵洁民与杨玉志、秦淑惠、杨京之间的买卖合同应予撤销，合同撤销后杨玉志、秦淑惠、杨京应将收到的货款返还给赵洁民。①

《合同法》第四十二条是对我国先合同责任的一般规定，但是实务操作中援引该规定的案例并不多。中国裁判文书网上涉及此条的民事裁判书仅有42份（2009年至2015年）。上述案例历经二审，法官均未对合同撤销后的损害赔偿责任予以定性，直接就援引了《合同法》第五十八条的规定，判决过错方承担损害赔偿责任。最高人民法院法官曾指出《合同法》第四十二条规定缔约上过失责任以来，人民法院审判中遇到的最大问题有：一是缔约过失的责任形式有哪些；二是缔约过失责任损害赔偿范围。②从既有的判决来看，不同的法官对此持不同的看法，尤其是损害赔偿的范围，目前难以达成共识。此外，《合同法》第四十二条第（三）项是兜底条款，立法者实际上将先合同责任的发展任务交给了学者和法官，留待学术界的进一步深入研究，留待审判实践的进一步检验。然而，在实践中如何把握《合同法》第四十二条第（三）项“其他违背诚实信用原则的行

---

① 北京市第三中级人民法院“杨玉志、秦淑惠、杨京诉赵洁民买卖合同纠纷民事判决书”［案号：(2015) 三中民（商）终字第06972号］，来源：http：//www. court. gov. cn。

② 沈德咏、奚晓明主编：《最高人民法院关于合同法司法解释（二）理解与适用》，人民法院出版社2009年版，第72页。

为”确实非常困难。我国现实生活中，经常出现未尽必要的通知、说明、保护、协助等义务，造成对方当事人对合同性质或者内容产生重大误解致使合同未生效或者被撤销，违反意向书、备忘录等初步协议的约定，恶意中断订立合同等情形，但在审判实践中如何将这些情形认定为缔约上过失，最高人民法院审判委员会讨论意见认为，尚需进一步调查研究，必要时在《合同法解释（三）》中作出解释。由此可知，我国法官适用缔约上过失责任制度非常谨慎，并不倾向于通过裁判将《合同法》第四十二条第（三）项所规定的“其他违背诚实信用原则的行为”类型化。笔者对公开的裁判文书进行分析之后，也发现审判实践中法官主要在违反报批义务、中断磋商、违反先合同保护义务、违反初步协议四种情形中援引《合同法》第四十二条第（三）项之规定，鲜有将第四十二条第（三）项适用于其他新的类型。

二、违反报批义务之典型案例

最高人民法院曾做过调研，认为在我国司法实践中依照法律、行政法规的规定经批准或者登记才能生效的合同成立后，按照合同约定或者法律规定有义务办理申请批准或者申请登记等手续的一方当事人未办理申请批准或者未申请登记的情形十分常见，将其作为缔约过失对待具有重要意义。[①] 从公开的裁判文书来看，最频繁适用《合同法》第四十二条第（三）项规定的案例类型为违反报批义务类。下文将分析一典型的案例——王守堂与陈林锚采矿权转让合同纠纷案。

2011 年 2 月 25 日，王守堂与陈林锚签订采矿权转让合同，合同约定：王守堂将坐落于宽甸满族自治县振江镇万宝金洞沟铅矿的采矿权及矿区内的矿山资产，以 320 万元总价款一次性转让给陈林锚，同时约定陈金宝（陈林锚父亲）与陈永存（陈林锚叔叔）对该矿区先行投入的资金 260 万元视为本次采矿权转让的转让金。双方约定合同签订后，王守堂应按时向陈林锚提供采矿权的全部资料（包括采矿许可证、营业执照及该矿区正常生产经营的一切手续），并协助陈林锚办理采矿权人、营业执照法人等一

---

① 沈德咏、奚晓明主编：《最高人民法院关于合同法司法解释（二）理解与适用》，人民法院出版社 2009 年版，第 73 页。

切手续的变更。王守堂交付的采矿权未达到合同约定条件，应视为违约，陈林锚有权要求王守堂赔偿损失。如果由于王守堂的原因致使陈林锚未按期取得采矿权，无法正常生产，陈林锚有权要求王守堂返还所投入的资金及赔偿因此所造成的损失。

合同签订后，除陈金宝、陈永存已先行投入矿区的260万元，剩余转让款60万元，陈林锚并未向王守堂支付，王守堂也未协助陈林锚办理采矿权人等相关手续的变更。2011年5月27日辽宁省国土资源厅颁发的采矿许可证登记的采矿权人为王守堂，有效期限为2011年5月27日至2012年5月27日。2011年8月16日，辽宁省国土资源厅颁发新的采矿许可证，登记采矿权人为宽甸新天宝矿业有限公司，有效期限为2011年8月16日至2012年5月27日。有效期届满后，该采矿权证尚未延续。2012年4月11日，陈林锚诉至辽宁省丹东市中级人民法院，要求王守堂履行合同，协助办理涉案铅矿的采矿权人、法人营业执照等变更手续并要求赔偿损失。此案诉讼中，王守堂未参加庭审，亦未出具书面答辩意见，其代理人陈飞庭审中辩称，同意协助陈林锚办理相关手续，并对陈林锚主张的赔偿损失数额予以认可，经辽宁省丹东市中级人民法院主持，双方达成调解协议，该院于2012年5月22日作出（2012）丹民一初字第00011号民事调解书。

调解书生效后，王守堂申请再审，辽宁省丹东市中级人民法院于2013年11月21日作出（2013）丹审民再字第00054号民事判决：一、撤销辽宁省丹东市中级人民法院（2012）丹民一初字第00011号民事调解书；二、在王守堂不协助的情况下，陈林锚本人到宽甸新天宝矿业有限公司相关管理部门自行办理采矿权转让的相关手续，所发生的费用由王守堂负担；三、驳回陈林锚其他诉讼请求。王守堂不服，向辽宁省高级人民法院提出上诉，该院于2014年8月12日作出（2014）辽审三民再终字第11号民事裁定：一、撤销辽宁省丹东市中级人民法院（2013）丹审民再字第00054号民事判决；二、本案发回辽宁省丹东市中级人民法院重审。辽宁省丹东市中级人民法院重审此案，经审判委员会讨论决定判决如下：一、撤销辽宁省丹东市中级人民法院（2012）丹民一初字第00011号民事调解书；二、在王守堂不协助的情况下，陈林锚本人依据相关规定到相关管理部门自行办理采矿权转让的相关手续，所发生的费用由王守堂负担；三、驳回陈林锚其他诉讼请求。一审案件受理费22998元，二审案件受理费22998元，共计45996元，由陈林锚、王守堂各承担22998元。王守堂不服，继续上诉至辽宁省高级人民法院，高院二审后，驳回上诉，维持原判。

王守堂与陈林锚采矿权转让合同纠纷一案根据法院查明的事实来看，争议焦点有两个：其一，采矿权转让合同的效力以及是否应继续履行，如王守堂不履行协助义务，陈林锚是否有权自行办理采矿权许可证和营业执照等相关手续问题；其二，关于陈林锚主张的各项赔偿损失的请求和数额是否有事实和法律依据，是否应予支持的问题。辽宁省丹东市中级人民法院认为，国务院《探矿权采矿权转让管理办法》第十条第三款规定："批准转让的，转让合同自批准之日起生效。"此案的证据证明双方当事人未就涉案签订的合同向有关部门报请审查批准，且在法庭辩论终结前仍未获批准，故双方签订的涉案采矿权转让合同，虽系双方当事人的真实意思表示，但因其未经审批而尚未生效。辽宁省丹东市中级人民法院原一审的民事调解书确认，王守堂协助陈林锚办理变更涉案矿山生产经营的有关手续，王守堂已以其行为表明不可能实现，该调解书因无法履行应予以撤销。《最高人民法院关于适用〈中华人民共和国合同法〉若干问题的解释(二)》第八条规定："依据法律、行政法规的规定经批准或者登记才能生效的合同成立后，有义务办理申请批准或者申请登记等手续的一方当事人未按照法律规定或者合同约定办理申请批准或者未申请登记的，属于合同法第四十二条第（三）项规定的'其他违背诚实信用原则的行为'，人民法院可以根据案件的具体情况和相对人的请求，判决相对人自己办理有关手续；对方当事人对由此产生的费用和给相对人造成的损失，应当承担损害赔偿责任。"采矿经营权虽然是一种特许经营权，但在辽宁省国土资源厅批准前，并不能证明陈林锚不具备受让的条件，纵观本案的实际情况及上述的法律规定，陈林锚已给付王守堂转让款，并对涉案矿山进行了大量投入。为了避免损失扩大，陈林锚申请自己到相关部门办理转让手续，符合法律规定，应予准许。如未获批准，陈林锚可就缔约过失问题，另行主张权利。关于陈林锚请求赔偿损失的问题，由于该请求系基于采矿权转让合同有效，王守堂不履行合同义务所发生，而涉案的采矿权转让合同尚未生效，故陈林锚该项请求无事实依据，不予支持。在终审民事判决书中，辽宁省高级人民法院二审表达了相同的看法：

本院认为，探矿权、采矿权为财产权，通称为矿业权。依法取得矿业权的自然人、法人或其他经济组织称为矿业权人，矿业权人依法对其矿业权享有占有、使用、收益和处分权。矿业权人可以通过出售、作价出资、合作、重组等方式进行矿业权转让，矿业权的转让合同自有审批权的有关国家行政机关批准之日起生效，转让合同未经审批管理机关批准的，应认定转让合同未生效。王守堂系案涉铅矿的矿业权人，对案涉铅矿有通过出售的方式进行转让的权利，因王守堂与陈林锚的采矿权转让合同没有经过行政机关批准，一审法院认定王守堂与陈林锚之间的采矿权转让合同未生效是正确的。王守堂与陈林锚之间的采矿权转让合同成立，双方应该按照合同履行相应的义务，王守堂已明确表示不同意协助陈林锚办理采矿权转让的相关手续，陈林锚要求自己到相关部门办理相关转让手续有法律依据，一审法院支持陈林锚的请求并无不当。①

本案两审法院均妥当地适用了《合同法》第四十二条第（三）项规定，并根据《最高人民法院关于适用〈中华人民共和国合同法〉若干问题的解释（二）》第八条认定负有审批义务的王守堂的行为已经构成“其他违背诚实信用原则的行为”，且王守堂明确表示不履行其协助义务，判决相对人陈林锚自行去办理相关批准手续。但是，两审法院否定了陈林锚的损害赔偿请求权。陈林锚主张合同签订后，因王守堂未协助陈林锚办理相关手续，致使其不能经营生产，造成了损失。故请求王守堂赔偿利息损失209920元、违约金314880元、可得利益损失150万元，合计2024800元。两审法院均认为，陈林锚之请求权系基于采矿权转让合同有效，王守堂不履行合同义务所发生，而案涉的采矿权转让合同尚未生效，故陈林锚该项请求无事实依据，不予支持。笔者以为，此案中陈林锚之损害赔偿请求权基础应为《合同法》第四十二条，缔约上过失的损害赔偿请求权的构成要件之一是缔约方之信赖利益遭受了损害。从我国司法解释来看，最高人民法院主张缔约上过失责任的损害赔偿范围为“由此产生的费用和给相对人造成的实际损失”，即信赖利益的损失以过失方造成他方的实际损失为标

① 辽宁省高级人民法院“王守堂与陈林锚采矿权转让合同纠纷再审民事判决书”［案号：（2015）辽审三民再终字第00002号］，来源：http：//www. court. gov. cn。

准，通说认为包括直接损失和间接损失。直接损失包括：缔约费用，包括赶赴缔约地或察看标的物等所支出的合理费用；准备履行所支出的费用，包括受领相对人给付所支出的合理费用；受害人支出上述费用所失去的利息。间接损失为丧失与第三人缔结合同的机会所产生的损失。[①] 此案陈林锚主张属于违约损害赔偿范围的违约金和可得利益损失无法获得支持，但其主张的利息损失不应直接否定，如果确属受害人支出缔约费用和准备履行所支出的费用利息，那么过错方应当予以赔偿。

三、中断磋商之典型案例

为了缔结合同，当事人常常就合同的成立投入许多努力，例如时间、金钱以及其他成本。在合同成立之前的磋商过程中，一方当事人突然中断磋商，此行为有可能导致他方的投入全部化为乌有。在这种情形下，我国法如何提供他方保护？请求权基础是什么？构成要件应该如何解释？如何认定责任范围？从中国裁判文书网所公开的案例来看，我国审判实践将此类型视为《合同法》第四十二条第（三）项规定的“其他违背诚实信用原则的行为”。安徽水利开发股份有限公司与怀远县城市投资发展有限责任公司缔约过失责任纠纷案正是中断磋商之典型案例。

2012 年 7 月 16 日，安徽水利开发股份有限公司（以下简称“水利公司”）向怀远县城市投资发展有限责任公司（以下简称“城投公司”）缴纳了 5000 万元投标保证金，同年 7 月 25 日，城投公司向水利公司发出《安徽省建设工程招标投标中标通知书》（皖 C32012GC047），主要内容为：你单位在怀远县涡北新城区基础设施市政路网工程 BT 项目的招标中，经评标组综合评定，确定你单位为中标单位。请你单位在收到中标通知后，于 15 日内到城投公司与建设单位签订承包合同。无故逾期视为自动放弃中标资格。落款处加盖建设单位即城投公司的公章，并分别加盖了工程招标代理机构怀远县恒信招投标咨询有限公司、建设工程交易中心怀远县招标采购交易中心、招标投标监管机构怀远县招标采购管理局公章。

2013 年 7 月 22 日，城投公司致水利公司《关于怀远涡北新区 BT 项目相关意见的函》［怀城投（2013）45 号］，主要内容为：你司于 2012 年 7

---

① 崔建远：《合同法》（第二版），北京大学出版社 2013 年版，第 111 ~ 112 页。

月25日经竞争性谈判中标了我单位负责实施的怀远县涡北新城区基础设施市政路网工程BT项目，至今项目合同未签，也一直未能进场施工，对你公司的生产经营产生了实质性的影响，我公司表示最诚挚的歉意。为此，我公司承诺：1. 2013年7月底前，落实好担保单位，签订好合同。2. 2013年8月10日前进场施工。3. 如1、2两条不能做到，2013年8月底前退还全部项目保证金及相关利息。同年8月29日，城投公司又致水利公司《关于怀远涡北新区路网工程BT项目相关意见的函》［怀城投（2013）54号］，告知水利公司：一、按照上级相关规定，我公司实施的涡北新区市政路网工程BT项目与贵公司终止合作，对你公司的生产经营产生了实质性的影响，我公司表示最诚挚的歉意。二、十日内退还你公司缴纳的5000万元保证金。三、对由于合作终止给贵司产生的相关费用，由双方协商解决。

2013年9月2日，水利公司复函［水利开发股（2013）67号］城投公司：贵司（2013）54号文收悉，感谢贵司对我公司的信任与支持，现就贵司对怀远涡北新区路网工程BT项目的相关意见复函如下：1. 请贵司按来函意见于2013年9月6日前将5000万元保证金退还我公司。2. 关于违约责任请安排人员，双方尽快洽谈，确定其他事项。同年9月10日，城投公司以转账方式退还水利公司保证金5000万元。

2013年9月18日，水利公司致城投公司《关于要求支付怀远BT项目招标人取消签署合同给我司造成相关损失费用的函》［水利开发股（2013）70号］，就相关损失计算如下：一、直接损失。1. 标书购买费1000元、投标文件编制费1万元、差旅费2000元。2. 我司投标保证金的财务融资费用，从款项汇入甲方账户起至返还之日，利率按日万分之五计，从2012年7月16日起至2013年9月10日止，共421天，计1052.5万元，合计1053.8万元。二、间接损失。1. 双倍退还保证金。2. 预期收益损失5292万元。3. 资金和人员准备损失合计11638.5万元。以上直接损失和其他损失共计12692.3万元，请贵司一个月内审核支付。同年10月21日，水利公司向城投公司发出律师函，就相关损失赔偿金额列出明细，并请城投公司在接到该函后五个工作日内派员就索赔事宜进行商谈，并尽最大可能通过沟通化解利益纷争。因双方未能就上述事宜协商一致，水利公司遂提起诉讼，请求法院依法判令城投公司向其支付：投标费用1.3万元（其中标书购买费1000元、投标文件编制费1万元、差旅费2000元)；保证金利息1052.5万元（5000万元资金占用421天，按照中国人民银行关于逾期付款违约金日万分之五标准计算)，合计1053.8万元。

安徽省蚌埠市中级人民法院认为，依据合同法的规定，当事人行使权利、履行义务应当遵循诚实信用原则。水利公司在中标案涉项目后，按照中标通知书的要求应于15日内到城投公司处与建设单位签订承包合同。此后双方进入为订立合同进行磋商的阶段，即开始负有相应的先合同义务，水利公司亦基于信赖关系做了施工前期准备。但因城投公司的过错致使承包合同未能签订，由此造成水利公司的损失，城投公司依法应当承担赔偿责任。故对于水利公司要求城投公司支付投标费用及保证金利息的诉讼请求中合理部分，予以支持。水利公司诉讼请求中要求的标书购买费1000元、投标文件编制费1万元、差旅费2000元，因该公司未提交相关证据证实存在投标文件编制费、差旅费支出，不予支持；《竞争性谈判文件》中载明了邀请文件售价每份人民币1000元，由投标单位开标日现场缴纳，鉴于水利公司已参加投标并中标，能够印证水利公司此项费用已实际支出，对于该公司要求标书购买费1000元的诉讼请求，予以支持；双方对于保证金利息如何计算并未约定，而水利公司要求保证金利息按日万分之五标准计算，但未能提供按该标准计算利息的充分依据。参照《最高人民法院关于适用〈中华人民共和国合同法〉若干问题的解释（二)》第二十九条第二款的规定，当事人约定的违约金超过造成损失的百分之三十的，一般可以认定为《合同法》第一百一十四条第二款规定的“过分高于造成的损失”，酌定以中国人民银行同期同类贷款利率的1.3倍，计算该5000万元资金占用期间的利息。

安徽省高级人民法院认为，此案二审争议的焦点为：一、城投公司应向水利公司承担违约责任还是缔约过失责任；二、城投公司赔偿水利公司的损失数额如何确定。下文摘录安徽省高院的民事判决书原文：

关于争议焦点一。怀远县城投公司与安徽水利公司之间存在招投标法律关系，依据我国合同法有关规定，怀远县城投公司发出招标公告的行为属要约邀请，安徽水利公司的投标行为属要约，而怀远县城投公司向安徽水利公司发出中标通知书属承诺。《中华人民共和国招标投标法》第四十六条规定："招标人和中标人应当自中标通知书发出之日起三十日内，按照招标文件和中标人的投标文件订立书面合同。招标人和中标人不得再行订立背离合同实质性内容的其他协议。"《中华人民共和国合同法》第三十二条同时规定："当事人采用合同书形式订立合同的，自双方当事人签字或者盖章时合同成立。"由上述法律规定分析，安徽水利公司收到中标通知书时，其与怀远县城投公司之间的合同尚未成立，怀远县城投公司拒绝签订承包合同，违背了诚实信用原则，应属于违反先合同义务而造成对方信赖利益损失的缔约过失责任。依据《中华人民共和国合同法》第四十二条"当事人在订立合同过程中有下列情形之一，给对方造成损失的，应当承担损害赔偿责任……（三）有其他违背诚实信用原则的行为"之规定，怀远县城投公司应当向安徽水利公司承担损害赔偿责任。同时，《中华人民共和国招标投标法》第四十六条也规定"中标、成交通知书发出后，采购人改变中标、成交结果的，或者中标、成交供应商放弃中标、成交项目的，应当依法承担法律责任"，因此，原审法院认定怀远县城投公司应向安徽水利公司承担缔约过失责任正确。涉案工程名义上采用竞争性谈判方式实质是采用招投标方式，怀远县城投公司上诉称涉案招投标行为无效没有事实和法律依据，本院不予采信；另涉案招投标行为发生在2012年7月份，而银监会发布叫停BT项目的通知的时间为2013年5月21日，故怀远县城投公司以该理由拒绝承担缔约过失责任亦无事实和法律依据，本院亦不予采信。

关于争议焦点二。缔约过失责任是违反先合同义务而造成对方信赖利益损失而应承担的民事责任，它仅限于赔偿对方实际利益损失而不包括基于合同成立后的可得利益损失。鉴于本案中怀远县城投公司应当向安徽水利公司承担缔约过失赔偿责任，原审法院参照《最高人民法院关于适用〈中华人民共和国合同法〉若干问题的解释（二）》判令怀远县城投公司承担赔偿责任，适用法律欠妥，二审予以纠正。关于赔偿损失数额如何确定，因双方当事人对于原审判决认定的安徽水利公司购买标书费用1000元没有提出异议，故对该费用损失本院予以认定。至于5000万元投标保证金的利息损失，因该笔保证金自2012年7月16日缴纳至2013年9月10日返还，被怀远县城投公司无故占用421天，虽然安徽水利公司没有提供充分证据证明该笔保证金系其向他人融资而来，但资金占用期间的利息损失客观存在，原审法院酌定按照中国人民银行同期同类贷款利率的1.3倍计算利息损失并无不妥，安徽水利公司主张按照日万分之五标准计算利息，无事实和法律依据，本院不予支持。①

从安徽省两审法院的判决来看，合同成立之前，在一方当事人不当中断磋商导致他方受损的情形下，法官认为受害方的请求权基础在于《合同法》第四十二条第（三）项。该损害赔偿之责任的构成要件：其一，不当磋商方有过失；其二，不当中断之行为；其三，受害方有损失。此种损害赔偿责任的范围为他方的信赖利益损害赔偿，仅限于实际利益损失而不包括基于合同成立后的可得利益。

四、违反保护义务之典型案例

《合同法》颁布之后，学者们指出，“其他违背诚实信用原则的行为”主要指违反合同前义务的行为，常见的有一方未尽照顾、保护义务，造成相对方人身或财产的损害。如一下雪天，某顾客去一大酒店吃饭，在上饭店台阶时，因台阶没有采取防滑措施而突然倒地引起骨折。② 受学说的影响，我国审判实践中不少法官也持相同观点，高卫中与王新房缔约过失责任案反映了法官主张缔约方违反先合同保护义务应承担缔约上过失责任。

法院查明的事实是：2013 年 11 月 10 日，王新房因自己家中厨房房顶漏水，到高卫中的门市部找其修房顶，高卫中表示愿意与王新房一同到王家中查勘一下情况。双方来到王家后，王新房给高卫中指出漏水的方位，两人一同到房顶查勘，高卫中靠近漏水区域，右脚刚踩到厨房房顶的插檐，插檐断裂，他从王新房的厨房房顶跌落下去。王新房立即拨打 120，高卫中被紧急送往河南省沁阳市第二人民医院救治。高卫中在该院住院至 2013 年 11 月 28 日出院，被诊断为：1. 左跟骨骨折；2. 腰椎压缩性骨折；3. 左上肢软组织损伤。出院医嘱：1. 坚持口服药物应用；2. 循序功能锻

---

① 安徽省高级人民法院“安徽水利开发股份有限公司与怀远县城市投资发展有限责任公司缔约过失责任纠纷一案二审民事判决书”［案号：（2014）皖民二终字第 00659 号］，来源：http：//www. court. gov. cn。

② 江平主编：《中华人民共和国合同法精解》，中国政法大学出版社 1999 年版，第 33 页。

炼；3. 定期复查；4. 不适随诊；5. 视 X 线复查情况循序功能锻炼。高卫中在沁阳市第二人民医院住院期间，医疗费共计 10687. 98 元，王新房垫付医疗费 9700 元，高卫中于 2013 年 11 月 13 日购买腰背支具，王新房支出 2600 元，王新房支出费用共计 12300 元。高卫中于 2014 年 10 月 16 日至 2014 年 10 月 20 日，到沁阳市联盟医院行取出内固定手术，在该院支出医疗费 2616. 03 元。出院医嘱：1. 注意休息；2. 继续用药；3. 定期复查。高卫中住院期间，其妻子刘雨陪护。高卫中的伤情，经河南省焦作正孚法医临床司法鉴定所鉴定为八级伤残。

高卫中将王新房诉至沁阳市人民法院，主张两者之间属于劳务者受害责任纠纷。但审理此案的法官认为，被告因自家厨房漏水到原告开办的专修平房漏水门市部，显然有请原告为其修理房顶的意愿，原告答应并随同被告去现场查勘，显然有非因特殊情况即为被告厨房进行防水处理的意愿，双方均有订立承揽合同的意思表示。但双方并未就合同的数量、质量、价款及报酬等进行明确的约定，双方之间仍处于承揽合同的磋商过程中，尚未成立承揽合同。被告的房屋年久失修、房顶插檐有裂缝，被告应该对自家房顶存在安全隐患有所预见，而被告由于疏忽大意，没有预见，未有效对不熟悉情况的原告进行引导，有违诚实信用原则，被告对原告身体受伤存在重大过失，应按《合同法》第四十二条第（三）项规定对原告承担损害赔偿责任。然而，原告作为一个长期从事专业修理房顶漏水的人员，对于在高处作业，对自身安全负有高度注意义务，而原告却未予以防范，对自身损害，也存在一定过错。因此，适用过失相抵的原则，此案被告对原告的损失承担 60% 的民事赔偿责任。关于损害赔偿的范围，法官认可：1. 医疗费；2. 误工费；3. 护理费；4. 住院伙食补助费；5. 营养费；6. 残疾赔偿金；7. 腰背支具费；8. 鉴定费；9. 精神损害抚慰金。[①]

河北省安新县人民法院审理的马改明与朱新中缔约过失责任纠纷案，法官在裁判中所持观点和高卫中与王新房缔约过失责任纠纷案主审法官完全相同。马改明与朱新中系朋友关系。马改明从事专业烫房顶业务。2014 年 7 月初，朱新中电话联系马改明，商量由马改明为其厂房烫房顶。2014

---

① 沁阳市人民法院“高卫中与王新房缔约过失责任纠纷一案一审民事判决书”［案号：（2014）沁民一初字第 00347 号］，来源：http：//www. court. gov. cn。

年7月7日中午左右，马改明到朱新中的厂房，在双方未对烫房顶的价款、付款方式、内容等事宜达成一致的情况下，马改明到朱新中的厂房房顶查看情况，因厂房房顶铁皮老化，他从房顶掉落摔伤。法官主张双方均有订立合同的意思表示，原告马改明的人身伤害发生在双方就烫房顶业务对合同价款、付款方式、合同内容、期限等进行明确约定之前，即在双方缔约过程中，被告朱新中作为订立合同的要约方在缔约过程中有义务照顾和保护受要约方的人身及财产安全，由于被告在缔约过程中未对其厂房房顶的安全性能进行认真检查，未及时提示原告，故被告对原告的损害结果具有一定的过错。因原告作为完全民事行为能力人，从事专业烫房顶业务，其未尽到注意自身安全的义务，在未对被告厂房房顶的安全性进行认知的情况下，上到厂房房顶，是损害发生的主要原因，其对损害结果的发生具有较大的过错，故被告承担40%的赔偿责任，原告自行承担60%的责任。关于损害赔偿的范围，法官认可了：1. 医疗费；2. 误工费；3. 护理费；4. 交通费；5. 伤残鉴定费；6. 伤残赔偿金；7. 精神损害抚慰金；8. 二次手术费。①

上述两个案例在事实部分极其相似，从判决书来看法官的裁判思路一致，均赞同合同磋商过程中，根据诚实信用原则缔约方互负保护相对人人身和财产安全之义务，如果违反此种义务，即构成过错，造成他方损害，应依据《合同法》第四十二条第（三）项规定承担缔约上过失责任。损害赔偿责任的范围则根据《最高人民法院关于审理人身损害赔偿案件适用法律若干问题的解释》相关规定进行认定。

五、违反初步协议之典型案例

民法学说上认为如果双方在磋商过程中，已经就合同的主要条款达成初步的协议，但双方并未以书面形式记载下来并在上面签字，而依据法律和合同的规定合同之成立需要以书面形式或者一方要求签订确认书等，在此期间，合同虽未成立，但双方已经建立了信赖关系，如果一方因过失导致合同不能成立，并致另一方当事人有损失，则应承担缔约上的过失责

---

① 河北省安新县人民法院“马改明与朱新中缔约过失责任纠纷一审民事判决书”［案号：（2014）安民初字第1029号］，来源：http：//www. court. gov. cn。

任。[1] 审判实践中法官在处理初步协议纠纷时，将之纳入缔约上过失责任制度进行解决。王光才与沈仁轩缔约过失责任纠纷案为典型案例之一。

2012 年原告王光才欲建一钢架结构工房。为此在鑫通公司与自称为该公司副经理的被告沈仁轩进行了协商。2012 年 2 月 5 日，被告持鑫通公司钢结构工程专业承包合同（制式合同、未加盖公章）与原告就合同条款进行了确定。当日原告付被告定金 2 万元；2012 年 2 月 28 日原告又付被告工程款 10 万元。2012 年 3 月，被告持将承包方改为临清市九龙装饰材料城的合同要求原告签字确认。原告以被告擅自变更承包人及被告不具备从事钢结构工程资质为由拒绝。后经原被告协商，2012 年 4 月 15 日被告付原告 45000 元。审理此案的法官主张合同是双方的法律行为，只有双方意思表示一致，符合法律规定形式合同方告成立。被告擅自变更合同承包方，原告既未在合同上签字，也未以其他方式明示同意合同主体的变更，故本案双方的合同未成立，被告对缔约过失应承担责任。因此，原告要求被告赔偿定金和已付工程款，合法有据，被告应赔偿原告定金、工程款损失 75000 元。对因缔约过失给原告造成的资金利息损失，被告对赔偿原告 75000 元定金、工程款承担利息损失（自 2012 年 2 月 28 日到判决生效确定给付之日止按中国人民银行同期同类贷款基准利率计算）。[2]

洛阳市河阳建设工程有限公司（以下简称“河阳公司”）与洛阳广达置业有限公司（以下简称“广达公司”）、河南广宇房地产开发有限公司（以下简称“广宇公司”）、张荣根缔约过失责任纠纷案则是另一典型案例。

此案事实颇为复杂，涉及初步协议的部分为：2011 年 6 月初，河阳公司与广宇公司就承建“夏风金水园商场”工程，达成一致意向。2011 年 6 月 5 日，河阳公司进入位于老城区风化街与九都东路交叉口“暖风园商场”施工工地现场做前期准备工作，组织人员平整场地、清运垃圾、建造四周工地围墙，并搭建 6 间办公室、7 间宿舍，另外又进行了定位放线，协助广宇公司进行基础开挖工作。2011 年 6 月 9 日，河阳公司与广宇公司达成《夏风园商场承包意向协议书》。该协议书约定：工程为一栋办公楼、

---

① 王利明：《违约责任论》（修订版），中国政法大学出版社 2003 年版，第 800 页。

② 山东省临清市法院“王光才与沈仁轩缔约过失责任纠纷一审民事判决书”［案号：（2012）临商初字第 618 号］，来源：http：//www. court. gov. cn。

一栋商场，面积为53万平方米。甲方（广宇公司）同意将工程交予乙方（河阳公司）施工。承包方式由乙方工程总承包，并按招标文件要求参加招标等事宜，签订正式合同施工，履行并完善各项施工手续。乙方在本协议签字生效5日内向甲方指定账户汇入500万元，作为工程履约保证金，该协议还约定了双方其他权利义务。该协议签订后，河阳公司委托该项目经理张荣根向广宇公司指定的银行账户缴纳了履约保证金100万元。2011年7月9日，河阳公司与广宇公司又签订一份《夏风苑商场承包意向协议书》，该协议内容除与2011年6月9日签订的协议书内容基本一致外，新约定施工工期为10个月，工程履约保证金调整为400万元，原则上安排乙方2011年8月30日进场，9月30日开工，如因特殊情况需顺延的，甲方按银行同期贷款利息对乙方进行补偿等内容。两份协议书甲方代表签字为潘百勤，乙方代表签字为张荣根。2011年10月9日，广宇公司在施工现场发出书面公告载明，“按上级建委和安委会紧急通知，为保证施工现场安全，夏风金水园项目公司不准留宿与施工无关人员，更不准生火起灶，否则将予以经济处罚和追究相关领导责任”。河阳公司于2011年11月撤离“夏风金水园”施工现场。河阳公司进入“夏风金水园”项目工地进行前期施工，历经5个月，共计花费人工工资为：13人5个月（每月83600元）=41.8万元。2012年1月12日，广宇公司向河阳公司支付夏风金水园围墙、场地平整费10万元。

一审法院认为：原告河阳公司与原广宇公司之间于2011年6月9日所签订的《夏风园商场承包意向协议书》和2011年7月9日所签订的《夏风苑商场承包意向协议书》是各方当事人的真实意思表示，应受法律保护。各方当事人应严格按照约定履行各自的义务。原告按照承包意向协议书的约定，向原广宇公司支付工程履约保证金100万元。所以，原告在缔约方面不存在过失行为。由于“盛归来事件”导致原广宇公司将该工程项目全部转让给新广宇公司，新广宇公司要求原告撤离现场，原告已撤离该施工现场，即原告已丧失继续履行该承包意向协议书的基础，故解除2011年6月9日《夏风园商场承包意向协议书》和2011年7月9日所签订的《夏风苑商场承包意向协议书》。原告河阳公司撤离“夏风金水园”施工现场的原因也是因被告而形成，被告违反了意向协议书约定。另外，原告就“夏风金水园”工程项目所做的前期准备工作（例如搭建办公室、宿舍、平整场地等），被告也是直接的继受者和受益者，故原告要求被告支付临时搭建办公室6间、宿舍7间的费用1.32万元的诉讼请求，该院予以支持。关于原告河阳公司要求支付其因撤场而拆除办公室、宿舍内的设施6400元，撤场搬迁费5600元，共计12000元，因双方在进场方面均存在过错，故该院认为被告广宇公司应向原告河阳公司支付一半即6000元为宜。二审法院基本认可了原审法院援引了《合同法》第四十二条第（三）项规定，确定此案中新广宇公司违反了两份意向协议书，要求河阳公司无条件撤离现场，导致河阳公司损失，应承担缔约上过失责任。但二审法院认为，河阳公司明知双方签订的是意向协议书，非正式合同，且在新广宇公司通知后未及时撤离现场，故河阳公司应对损失承担20%的责任。另，2012年1月12日，广宇公司向河阳公司支付“夏风金水园”围墙、场地平整费10万元，此部分应在损失总数中予以扣除，相互冲减后河阳公司的实际损失为25.456万元。①

第二节　我国先合同责任具体规定之典型案例

一、恶意磋商之典型案例

从公开的民事裁判文书来看，我国审判实务中适用先合同责任具体规定的案例并不多，适用《合同法》第四十二条的案例寥寥无几，尤其是《合同法》第四十二条第（一）项和《合同法》第四十三条之规定，虽然当事人起诉援引两条规定，但是法官通常以证据不足否定了存在“恶意磋商”之事实。农安盛祥玉米有限公司（以下简称“盛祥公司”）、中国农业发展银行吉林省分行营业部（以下简称“农发行吉林营业部”）与长春市康润生物科技有限公司（以下简称“康润公司”）缔约过失责任纠纷案

---

①　河南省洛阳市中级人民法院“洛阳市河阳建设工程有限公司与洛阳广达置业有限公司、河南广宇房地产开发有限公司、张荣根缔约过失责任纠纷二审民事判决书”[案号：（2013）洛民终字第1984号]，来源：http：//www.court.gov.cn。

是少数两审法院均将农发行吉林营业部之行为认定为“假借订立合同，恶意进行磋商”类型的缔约上过失责任之案例。

此案的基本事实是，2010 年 5 月 25 日，农发行吉林营业部出具了一份《专题会议纪要》，标题为《研究通过资产重组利用信贷杠杆清收长春市康润生物科技有限公司不良贷款事宜》，该纪要内容：经研究，同意盛祥公司与康润公司本着平等自愿的原则进行资产重组，即康润公司以其有效资产入股到盛祥公司成为盛祥公司的股东；盛祥公司以自有资金或股东自有资金偿还康润公司不良贷款；农发行按照现行政策和贷款条件对盛祥公司进行贷款支持。2010 年 7 月 10 日，盛祥公司与康润公司签订了《资产重组合作协议》，其中甲乙丙三方为本案当事人，约定了由康润公司与盛祥公司进行资产重组、农发行吉林营业部向盛祥公司发放贷款等事宜。盛祥公司与康润公司在协议中加盖了公章，由法定代表人签字确认，但农发行吉林营业部未盖公章予以确认。经盛祥公司与康润公司对账，康润公司截至 2011 年 3 月 31 日收到盛祥公司 5 笔资金，共计 21991771.3 元。2011 年 3 月 12 日和 5 月 5 日，三方当事人就是否为盛祥公司发放贷款事宜进行了两次协商，农发行吉林营业部主张将盛祥公司转账给康润公司，又从康润公司转账至农发行吉林营业部的款项“原路返回”，并要求盛祥公司放弃对损失的主张，但三方最终并未达成一致意见。2011 年 8 月 9 日，农发行长春市双阳区支行将 2120 万元退还给康润公司。当日，康润公司退还给盛祥公司 1785 万元。

一审法院认为：盛祥公司与农发行吉林营业部、康润公司之间对借款合同的权利义务内容认识并不一致，而且并未签订书面合同。农发行吉林营业部所签发的《专题会议纪要》、盛祥公司与康润公司所签订的《资产重组合作协议》均是各方自身的意思表示，是为农发行吉林营业部与盛祥公司之间签订借款合同而进行的一系列磋商行为，并未成立借款合同。盛祥公司主张，根据《中华人民共和国合同法》第三十七条规定：“采用合同书形式订立合同，在签字或者盖章之前，当事人一方已经履行主要义务，对方接受的，该合同成立。”盛祥公司认为因其已经依据各方协商内容向康润公司打款，而且农发行吉林营业部、康润公司均已接受，故其与对方之间的合同关系成立。但是，盛祥公司与农发行吉林营业部之间针对借款合同的借款方式、利息、期限等主要权利义务条款尚未形成书面合同，更不存在将要对合同书签字盖章的情形，故本案并不能适用合同法的该项条款。盛祥公司向康润公司、农发行吉林营业部给付款项，是基于农发行吉林营业部所签发的《专题会议纪要》的内容，在与农发行吉林营业部、康润公司磋商签订合同过程中所进行的前期准备工作，其目的是签订借款合同。故盛祥公司与农发行吉林营业部、康润公司之间并没有成立借款合同关系，三方当事人正处于借款合同的前期缔约阶段。盛祥公司与农发行吉林营业部、康润公司之间在订立借款合同的过程中，进行了一系列的磋商活动，盛祥公司按照农发行吉林营业部所签发的《专题会议纪要》的要求，已经将康润公司的许顺先变为盛祥公司的股东，盛祥公司法定代表人由孙士平担任，而且盛祥公司以股东自有资金偿还了康润公司的不良贷款，而农发行吉林营业部却没有与盛祥公司签订借款合同。《中华人民共和国合同法》第四十二条规定“当事人在订立合同过程中有下列情形之一，给对方造成损失的，应当承担损害赔偿责任：……（三）有其他违背诚实信用原则的行为”。盛祥公司与康润公司和农发行吉林营业部之间已经进行了一系列的磋商活动，而且根据农发行吉林营业部所签发的《专题会议纪要》，盛祥公司有理由相信其在与康润公司进行资产重组并替其偿还不良贷款后，农发行吉林营业部一定会与其签订借款合同，但农发行吉林营业部却无故不与盛祥公司签订借款合同，因此在订立借款合同过程中农发行吉林营业部存在违背诚实信用原则的行为，应当对盛祥公司承担损害赔偿责任。

二审法院基本认可了一审法院的裁判思路。审理法官主张该案纠纷的法律关系性质应为缔约上过失责任纠纷。盛祥公司能主动为康润公司偿还贷款，并与康润公司达成资产重组协议，其目的是获得农发行吉林营业部2亿元贷款支持；农发行吉林营业部推动康润公司与盛祥公司进行资产重组谈判，并积极与盛祥公司和康润公司进行磋商与沟通，是以承诺给盛祥公司发放2亿元贷款为手段，达到消灭康润公司在农发行不良贷款的目的；康润公司积极配合进行资产重组，将有效资产投入到盛祥公司，促使盛祥公司与农发行吉林营业部达成借款合同，是以消灭自己所担负的债务为目的。因此，只有2亿元贷款协议最终达成，才能达到盛祥公司得到2亿元贷款和农发行吉林营业部、康润公司消灭不良贷款和债务的目的。而盛祥公司向康润公司汇入支持康润公司偿还贷款的款项并与康润公司达成资产重组协议的行为，只不过是为2亿元贷款协议的最终达成作铺垫。后由于盛祥公司与农发行吉林营业部未达成借款协议，双方由此产生纠纷。分析双方产生纠纷的原因，是农发行吉林营业部在达到消灭不良贷款的目的后，未履行与盛祥公司签订借款合同的承诺，其行为属于假借订立借款合同，恶意进行磋商，有违反诚实信用原则的性质。农发行吉林营业部的此种过错行为造成了盛祥公司的经济损失，盛祥公司诉请要求赔偿。根据《合同法》第四十二条第（一）项关于缔约过失责任的规定，双方当事人之间权利义务关系的性质完全符合缔约上过失责任的法律规定。①

二、违反先合同告知义务之典型案例

《合同法》第四十二条第（二）项实质上是要求缔约当事人负有先合同告知义务。方恒与杨旭斌缔约过失责任纠纷案为典型案例。此案的基本事实：2013年12月31日，方恒与杨旭斌签订了一份《餐厅转让协议》，约定杨旭斌将位于滨江区的游埠私房菜馆以人民币14万元的价格转让给方恒。同日，方恒向杨旭斌支付出让款人民币14万元，并由杨旭斌出具“收条”一份。2014年1月5日，方恒向杭州萧山索美国际家居建材广场爱堂家具商行购买餐桌椅共计人民币19980元；1月6日，向杭州云冰制冷设备有限公司购买冰箱共计人民币15000元；1月8日，委托杭州市滨江区胡晟图文设计工作室制作广告字牌、宣传单等共计花费人民币14850元。2014年1月11日，方恒与案外人来益敏签订《杭州市房屋租赁合同》一份，约定由方恒向其租赁房屋用以经营餐厅，租赁期限为2014年4月1日至2016年3月30日。2014年4月2日，方恒向来益敏交付房租费10.5万元，来益敏出具“收条”一份，确认收到该笔款项。2014年4月10日，浙江省杭州市中级人民法院判决撤销工商局滨江分局向杨旭斌颁发的个体工商户餐饮营业执照。2014年6月25日，工商局滨江分局向方恒发出《行政告诫书》，要求方恒停止经营行为。2014年8月11日，方恒将上述餐桌椅及冰箱以人民币12500元的价格卖出；8月30日，与来益敏解除房

① 吉林省高级人民法院“农安盛祥玉米有限公司、中国农业发展银行吉林省分行营业部与长春市康润生物科技有限公司缔约过失责任纠纷二审民事判决书”［案号：(2014) 吉民二终字第106号］，来源：http：//www.court.gov.cn。

屋租赁合同，来益敏归还方恒房租共计人民币43750元。

法院认为，当事人双方签订合同时，应当遵循诚实信用原则，杨旭斌在与方恒签订《餐厅转让协议》时，明知其经营的餐厅涉及行政案件，其营业执照有被撤销的可能性，却没有遵循诚实信用原则，及时将该重要内容告知方恒，使方恒无法办理营业执照而致使合同目的无法实现，并且给方恒造成了极大损失。杨旭斌对方恒的损失应当承担损害赔偿责任。但是，由于方恒对该餐厅实际经营过一段时间，法院对于方恒要求赔偿损失的范围重新进行认定：1. 退还转让款12万元；2. 赔偿房租损失4万元；3. 赔偿设备损失22480元；4. 赔偿制作广告牌等损失14850元。而对于方恒要求杨旭斌赔偿工人工资损失的诉请，因其没有提供相应证据予以证明，不予认定。①

旭化成建材株式会社（以下简称“旭化成会社”）与上海凯尉纽澳实业有限公司（以下简称“凯尉纽澳公司”）缔约过失责任纠纷案是另一典型案例，此案不仅涉及了违反告知义务，而且涉及了系争备忘录的性质与目的。

案例的基本事实是：2007年10月10日，旭化成会社（甲）、凯尉纽澳公司（乙）、日本三乐屋面系统株式会社（以下简称“三乐会社”）（丙）三方签订《关于为将旭化成建材株式会社的“酚醛泡沫隔热材料”推向中国市场而开展业务活动的备忘录》（以下简称《备忘录》）一份，约定：三方为推进丙方由甲方购入并销售给乙方的酚醛泡沫隔热材料，就在中国国内的销售业务约定下列共同作业事宜：第1条，本产品系指由甲方制造，乙方在中国国内实施的根据第3条第1项特定的酚醛泡沫隔热材料。第2条，各公司的基本分工作用：甲方：在日本制造本产品以及提供产品相关技术知识；乙方：本产品在中国的销售、施工以及取得在中国国内相关许可的业务；丙方：本产品向中国的出口以及甲方与乙方的信息等的中介业务。第3条，有关在中国国内的共同作业事项：1. 为了使本产品在中国国内的销售活动能顺利且具有优势地展开，乙方在制定有关酚醛泡沫隔热材料中国国家标准时，应按照甲方所生产的酚醛泡沫隔热材料的性能进行有利于销售的特别分类活动。此外，对本产品其他的相关标准、法规开展同样的活动，为本产品在中国国内的销售、施工活动以及使用于公

---

① 浙江省杭州市滨江区人民法院“方恒与杨旭斌缔约过失责任纠纷一审民事判决书”［案号：(2014) 杭滨商初字第766号］，来源：http：//www.court.gov.cn。

共建筑而努力开展工作。2. 根据乙方的营销活动，甲方将第 3 条第 1 项特定的酚醛泡沫隔热材料授予乙方在中国国内销售本产品的总代理商权利。……第 7 条，有关向中国国内的进口许可手续以及在中国国内进行销售活动的许可手续由乙方负责。……第 9 条，本备忘录的有效期限为签约后 1 年。第 10 条，在本备忘录有效期内，对本备忘录所涉分工作用及效果进行再确认，如三方意见达成一致，则重新签订基本合同等。2009 年 1 月 15 日，凯尉纽澳公司将旭化成会社的基本型产品，即高性能酚醛泡沫 NEOMAFoam27K 送检，测试结论为麻醉性和刺激性均不合格。2009 年 3 月 16 日，中国国家防火建材质检中心出具《检验报告》，报告确认产品名称为难火泡沫酚醛板（即 NEOMAFoam27K），结论为：燃烧性能 D 级。2011 年 7 月 30 日、9 月 11 日、11 月 4 日凯尉纽澳公司分别向旭化成会社发出《通知书》《联系函》等三份，旭化成会社与凯尉纽澳公司最终没有签订具体的总代理合同。凯尉纽澳公司将旭化成会社诉至法院，请求其赔偿违约责任。

一审法院认为，旭化成会社自认酚醛板 27K－B 为试制品，并非成熟产品，因为添加了氢氧化铝而增加了难燃性，但添加氢氧化铝的同时增加了工艺成本，既不能实现大规模生产，也不具有价格竞争优势。事实上，在签订《备忘录》之时，旭化成会社在日本已经取得不燃材料认证证书的只有高性能酚醛泡沫 F 型产品（酚醛板 27K－F），并非在其原型产品基础上添加了氢氧化铝的试制品（酚醛板 27K－B）。旭化成会社向凯尉纽澳公司出示的产品资料包括其取得了不燃材料认证证书的 F 型产品和中国国家防火建材质检中心出具的难燃材料检验报告，却没有证据显示旭化成会社主动向凯尉纽澳公司披露过系原型产品添加氢氧化铝方取得难燃材料检验报告。凯尉纽澳公司基于旭化成会社提供的认证证书和检验报告等，相信旭化成会社拥有一款在中国国内被认定为难燃材料的酚醛泡沫产品，可以在国内经过文本制作和合规审查而实现销售，并为此依据《备忘录》开展了相应的配套工作。但旭化成会社提供的难燃材料检验报告所涉产品并非旭化成会社的现实产品，而仅为试制品，并且该试制品添加了氢氧化铝，不可能实现批量生产和销售，旭化成会社在磋商过程中具有明显的过错，此为双方日后未能缔结总代理合同的主要原因，符合缔约过失责任中“故意隐瞒与订立合同有关的重要事实或者提供虚假情况”的法律规定，给凯尉纽澳公司造成了损失，为此旭化成会社应承担缔约过失的损害赔偿责任。

二审法院认为，此案二审争议焦点在于：一、本案原审程序中案由及争议焦点的变更是否存在程序瑕疵？二、系争《备忘录》的性质与目的是什么？三、本案中旭化成会社是否应承担缔约过失责任并赔偿损失？关于焦点一，法院主张凯尉纽澳公司在原审阶段两次庭审中均向法庭明确其诉讼请求中各项损失赔偿的法律依据为《合同法》第四十二条“缔约过失责任”第（二）项，故旭化成会社在订立合同过程中是否存在故意隐瞒与订立合同有关的重要事实或者提供虚假情况的行为应视为双方争议焦点，原审法院根据庭审中诉辩意见的变化，将案由最终确立为缔约过失责任纠纷符合凯尉纽澳公司提起该诉讼的请求权基础，且双方当事人围绕旭化成会社是否存在缔约过失行为、是否应承担相应责任等已经过充分辩论，故本案案由及争议焦点的变化并未侵害凯尉纽澳公司的辩论权利，不因此影响凯尉纽澳公司的实体权益，亦未增加凯尉纽澳公司额外的诉讼成本。关于焦点二，首先，系争《备忘录》是框架协议，待工作开展顺利后，双方拟签订总代理合同，且从《备忘录》条款中可知，凯尉纽澳公司主张的总代理商权利并非基于该《备忘录》内容而当然授予，而是需根据其从事一定的营销活动，对备忘录所涉分工作用及效果进行评价确认后，届时如三方意见一致而需再行签订基本合同方确认的权利，且《备忘录》内容中亦未体现总代理合同的权利义务内容；其次，从《备忘录》内容中，作为从事营销活动所必需的特定产品的规格、价格、数量等合同要素均未确定，且双方未根据合同法的相关规定达成补充协议以进一步明确交易条件，凯尉纽澳公司亦未举证证明其在实际履行《备忘录》过程中从事过酚醛隔热泡沫材料的营销活动；再次，依照凯尉纽澳公司在《备忘录》中的分工，其主要从事文本制作及其相关合规、市场准入工作，从形式上看，该类工作具备委托性质，但若结合《备忘录》的目的来看，凯尉纽澳公司从事的组织编制技术资料、组织专家评审等合规性的市场准入工作并非单纯的委托性质，而是为使特定产品在中国国内的销售活动能顺利且有优势地展开而从事的准备性、阶段性工作，最终服务于总代理商权利的顺利获得。所以，从性质和内容而言，《备忘录》系三方为实现“使特定产品在中国国内的销售活动能顺利且有优势地展开”的目的而订立的框架性协议，最终各方仍需以签订总代理合同的形式来实现系争产品在中国市场的销售，故《备忘录》与将来条件具备情形下所拟签订的总代理合同之间的关系构成对旭化成会社是否应承担缔约过失责任考量的前提要件。尽管《备忘录》有效期满后双方未进行工作效果确认，但旭化成会社亦认可凯尉纽澳公司从事的文本制作及其相关合规、市场准入工作，且这些工作仍在持续进行。正是通过《备忘录》约定义务的分工履行及双方之间的持续磋商，凯尉纽澳公司形成了将来某种情形下可能达成总代理合同的合理信赖。关于焦点三，缔约过失责任是指一方因违反先合同义务而造成对方信赖利益损失所应承担的民事赔偿责任，依照诚实信用原则，旭化成会社在与凯尉纽澳公司进行磋商时理应将拟投入中国市场的产品信息予以确实充分、清楚无误的披露。旭化成会社在 2006 年、2007 年委托国内专业检测机构对其新曙光隔热材料酚醛板 27K－B 进行难燃性检测时，已明知该产品系试制产品，且为获得中国国内标准许可额外添加了氢氧化铝成分，而并非系其在资料中宣传的在日本取得不燃材料认定的新曙光隔热材料。但在旭化成会社的中文版新曙光隔热材料产品介绍中，却体现为 2006 年 10 月在中国取得 B1 级难燃性认证的产品 27K－B 与日本高性能酚醛泡沫不燃性材料认定证书说明中载明的项目和参数相同，并附有前已述及的国内检测机构出具的《检验报告》。在《备忘录》达成及履行期限内，旭化成会社未曾将约定产品并非现实产品，而需要最终特定化的过程明确无误地向凯尉纽澳公司予以披露、传达或双方曾就此协商、洽谈。对于试制品因添加氢氧化铝得以符合中国国家认证标准，添加行为致使成本增加，不可能批量投向中国市场的商品信息亦未曾以适当途径向凯尉纽澳公司告知。相反，由于《备忘录》内容中未体现旭化成会社主张的试错风险，随着《备忘录》的履行和双方合作程度的加深，直至凯尉纽澳公司自行委托检测发现产品不符合认定标准之前，其始终善意信赖旭化成会社提供的认证证书和检测报告结论，相信合作投向中国市场的是一款现实产品，并积极按照《备忘录》分工履行以期获得总代理商的缔约机会及相应权利。纵观双方交易磋商过程，旭化成会社具有故意隐瞒与订立合同有关的重要事实或提供虚假情况的情形，有违诚实信用原则，应当承担缔约过失责任。①

---

① 上海市高级人民法院“旭化成建材株式会社与上海凯尉纽澳实业有限公司缔约过失责任纠纷一案二审判决书”［案号：（2014）沪高民二（商）终字第 S14 号］，来源：http：//www. court. gov. cn。

三、合同无效或被撤销之典型案例

我国民法通说认为，合同被确认绝对无效或被撤销，由一方或双方的过错造成，皆发生损害赔偿问题。有过错一方向无过错方赔偿因合同被确认无效或被撤销所发生的损失。双方均有过错的情形下，各自承担相应的责任。合同被确认绝对无效时的损害赔偿范围为信赖利益。合同被撤销时的损害赔偿范围，则应区分类型予以认定：因当事人一方重大误解而撤销合同的，该方当事人承担损害赔偿责任的数额不应超过合同有效时对方当事人可获得利益的数额。合同被撤销是由于当事人一方采用欺诈、胁迫手段或者乘人之危的，该方当事人承担损害赔偿数额不受合同有效时对方当事人可以获得的利益数额的限制。①

湖南省高级人民法院审理“衡东县家和建筑工程劳务有限公司（以下简称‘家和公司’）与鸿厦建设有限公司（以下简称‘鸿厦公司’）及蒋浩建设工程施工合同纠纷案”，明确将合同被确认无效后的损害赔偿责任定性为“缔约上过失责任”，并且主张损害赔偿的范围不包括合同履行后可以获得的利益。

此典型案例的基本事实：2009 年 11 月 25 日，桃江县元通置业有限公司与鸿厦公司签订《施工承包协议》，于 2010 年 7 月 9 日签订《建设工程施工合同》，约定桃江县元通国际大酒店工程施工图范围内的土建、二次精装修、水电安装工程由鸿厦公司承包。2009 年 11 月 25 日，鸿厦公司与蒋浩签订《项目施工承包合同》，约定蒋浩负责元通国际大酒店工程的施工，蒋浩组织实施项目的施工管理，协调专业分包单位之间的工作关系；蒋浩与材料分承包方、工程承包方及工人工资等一切债务关系均由蒋浩负责。鸿厦公司派林将担任项目部的财务总监，并保管项目部的印章。蒋浩为方便与他人签订分包合同，私刻了“鸿厦建设有限公司桃江元通国际大酒店项目部”“鸿厦建设有限公司桃江元通国际大酒店项目部财务专用章”两枚印章。2010 年 1 月 25 日，家和公司与鸿厦公司桃江元通国际大酒店项目部（以下简称“项目部”）签订《工程分项施工合同》，约定由家和公司承包元通国际大酒店安装施工图纸范围内与水电安装有关的一切工作内容。同年 1 月 28 日，项目部出具收据，收取家和公司 50 万元，经手人

---

① 王利明主编：《民法》（第六版），中国人民大学出版社 2015 年版，第 120 页。

为蒋浩。同年4月11日，项目部出具收据，收取王伟8万元，经手人为蒋浩。同年4月24日，项目部与家和公司签订《酒店视频监控意向合同》，约定由家和公司承包元通国际大酒店监控系统的布线、设备安装及调试。上述两合同签订后，一直未实际履行。家和公司将鸿厦公司与蒋浩诉至法院，请求鸿厦公司与蒋浩返还家和公司保证金58万元，支付违约金352万元，包括水电安装的预期利益270万元。

湖南省高院认为，鸿厦公司与桃江县元通置业有限公司签订《施工承包协议》的同一天便与蒋浩签订了《项目施工承包合同》，该合同约定蒋浩承担涉案工程施工中与工程承包方和工人工资等一切债务关系，且蒋浩在公安机关也陈述其系挂靠鸿厦公司施工，故蒋浩是涉案工程的实际施工人。虽然家和公司称蒋浩签订合同时提供了一份《法定代表人授权委托书》，但该委托书仅仅是授权蒋浩进行工程的招投标，并不能表明鸿厦公司委托蒋浩对外签订施工合同，且蒋浩既不是鸿厦公司员工，也不是涉案工程的项目经理或财务人员，其与家和公司签订合同既不是职务行为，也没有取得鸿厦公司的授权。仅凭家和公司提交的上述《法定代表人授权委托书》不足以认定涉案合同应由鸿厦公司承担责任。家和公司支付58万元保证金中有55万元是以现金交付给蒋浩，其他3万元则是通过转账付至蒋浩账户，故该58万元保证金并未进入鸿厦公司账户，且也无证据证明蒋浩将该58万元用于工程施工，故蒋浩的行为不构成表见代理，鸿厦公司不应承担责任，蒋浩应对其与家和公司签订合同的行为自行承担责任。由于蒋浩系借用鸿厦公司资质与他人签订施工合同，根据《最高人民法院关于审理建设工程施工合同纠纷案件适用法律问题的解释》第四条的规定，其与家和公司签订的施工合同无效，无效合同自始不发生法律效力。因此，家和公司主张违约金（包括预期利益）的请求权无法予以支持。①

此案还是无权代理的典型案例，蒋浩未获鸿厦公司的授权，对外以鸿厦公司的名义与他人签订合同，鸿厦公司未追认，则该合同是无效的。如果造成相对人损失，蒋浩应自行承担损害赔偿责任。

---

① 湖南省高级人民法院“上诉人衡东县家和建筑工程劳务有限公司与被上诉人鸿厦建设有限公司及原审被告蒋浩建设工程施工合同纠纷案民事判决书”［案号：(2014) 湘高法民一终字第171号］，来源：http：//www. court. gov. cn。

第六章

先合同责任之建构

第一节 先合同责任之构成要件

一、先合同责任构成要件概述

（一）缔约上过失责任构成要件

我国学界通说是将缔约上过失责任等同于先合同责任，台湾地区刘春堂教授则主张缔约上过失责任的构成要件为：①当事人须已进入缔约磋商或准备之关系。②义务之违反，此客观要件直接建立在先合同义务概念之上，以违反附随义务或其他行为义务为构成要件。所谓的附随义务或其他行为义务，是以缔约当事人为缔结合同而接触磋商之际，基于诚实信用原则所形成的法律上特别结合关系为发生基础，与当事人的意思无关，也与是否已经缔约合同或合同是否有效成立无关。附随义务可以分为给付义务形成过程中的附随义务、给付义务履行过程中的附随义务以及给付义务履行完毕之附随义务三类，其中缔约上过失责任所涉及的是给付义务形成过程中的附随义务，就其内容而言可分为两类，其一指为实现当事人的合同目的或合同利益，当事人就在主观上对相对人缔约决定具有重要性之事项，以及在客观上与目的行为具有内部关联性的事项，负有调查、说明、告知、协力、照顾、继续磋商或等待承诺、保密等义务；其二指为确保或维护当事人生命、身体、健康、财产等固有法益，当事人负有避免其遭受损害的保护、维护、注意等义务。③因信赖合同成立而受有损害，当事人应是善意信赖合同能成立致受损害的当事人。④赔偿请求权人须无过失。⑤行为人具有可归责事由，这其实是主观要件，要求当事人具有故意或过失。①

台湾地区王泽鉴教授则主张缔约上过失责任的构成要件为：其一，准

---

① 刘春堂：《民法债编通则（一）契约法总论》，台湾三民书局 2001 年版，第 192 ~ 194 页。

备或商议订立合同。为准备或商议订立合同，当事人须有缔约的意图。例如，到百货公司逛逛，具有缔约的可能性，但此种情形不能认定为准备订立合同，要求百货公司销售人员展示商品时，则应肯定为进入准备阶段。其二，违反诚实信用原则及归责事由，前者是违反先合同义务，具违法性，后者为故意或过失问题，二者为不同要件。客观要件，即违反先合同义务主要包括告知及说明义务的违反、保密义务之违反、致合同不成立或无效、中断缔约和违反保护义务，致侵害相对人的人身或财产等。主观要件，不同的义务对故意或过失要求不一。其三，须加害人有行为能力。其四，须致他方当事人受有损害。此项损害通常为费用的支出，缔约机会的丧失。其五，须侵害行为与损害之间具有因果关系，违反诚信原则的加害行为与权益受损害之间须有相当因果关系。①

大陆地区学者一般认为缔约上过失责任的构成要件有四个：其一，缔约人一方违反先合同义务。先合同义务是以诚实信用原则为基础，随着债的关系的发展而逐渐产生，包括协助、照顾、告知、保护等义务。其二，相对人有损失。该损失仅为财产损失，不包括精神损害。其三，违反先合同义务与该损失之间有因果关系，即该损失是由违反先合同义务引起的。其四，违反先合同义务者有过错。② 第四个要件涉及缔约上过失责任的归责原则问题，这个问题仍存在一定争议。③

（二）先合同责任构成要件

本书考察的是最广义的先合同责任，我国大陆地区有少数学者将先合同责任分成了一般先合同责任和特殊先合同责任两个层次。朱广新教授提出为保障自由竞争秩序，法律必须为缔约自由提供充分的空间，以适应我国处于自由竞争尚待发育的市场经济状态，应强化责任要件以防止缔约责任对自由市场可能造成的妨碍，使故意成为缔约责任的一般归责标准，仅在法律另有规定时，成立无过失信赖责任或缔约上过失责任。这种观点认为一般先合同责任的构成要件为：其一，缔约人主观上具有故意；其二，缔约人客观上具

---

① 王泽鉴：《债法原理》，北京大学出版社 2009 年版，第 189 ~ 193 页。

② 崔建远主编：《合同法》（第五版），法律出版社 2010 年版，第 123 页。

③ 参见张家勇：《论前合同责任的归责标准》，载《法学家》2014 年第 1 期，第 102 页。

有不当行为，合同法规定的缔约上不当行为除《合同法》第四十二条和第四十三条规定的恶意磋商、欺诈行为、故意泄露或者不正当使用商业秘密、恶意并行磋商之外，还包括违法撤销要约的行为、故意违反法定书面形式致使合同不成立的行为、故意致使合同无效或被撤销的行为等；其三，缔约人故意不当行为给相对人造成损失；其四，缔约人故意不当行为与相对人损失之间有因果关系。特殊先合同责任又包括缔约信赖责任和缔约上过失责任。缔约信赖责任实质上是一种无关责任方主观的结果责任。该责任的构成要件不再立足于责任方的主观进行评判，而是强调是否有必要保护缔约一方的合理信赖。此类型的责任主要有：①意思表示或传达错误被撤销后之赔偿责任；②无权代理人之赔偿责任；③悬赏广告撤回之赔偿责任；④突然中断磋商之赔偿责任。除了这四种类型之外，《合同法》第十九条第（二）项规定的“受要约人有理由认为要约是不可撤销的，并已经为履行合同做了准备工作”，则属于须结合缔约一方的主观因素和客观的信赖行为的例外情形。缔约上过失责任，主要指以过失为归责基础的地域责任。例如，《保险法》第十六条第二款规定，投保人故意或者因重大过失未履行如实告知义务，足以影响保险人是否同意承保或者提供保险费率，保险人有权解除保险合同。[①]韩世远教授也认为先合同责任有两种类型，即以过错为要件的缔约上过失责任和不以过错为要件的担保责任与信赖责任。[②]

二、我国法先合同责任构成要件

（一）基于客观诚信的先合同责任构成要件

我国现行法上的最广义先合同责任确实包含了基于客观诚信的先合同责任和基于主观诚信的先合同责任，换言之，先合同过错责任和先合同信赖责任。但是，笔者以为，基于客观诚信的缔约上过失合同责任的归责原则不宜解释为故意。我国《合同法》仅第四十二条第（一）（二）项明确规定要求缔约人具备“恶意”或“故意”，第四十三条和第四十八条无明确的归责标准，《民法通则》第六十一条第一款和《合同法》第五十八条

① 朱广新：《合同法总则》，中国人民大学出版社 2008 年版，第 115 ~ 119 页。

② 韩世远：《合同法总论》（第二版），法律出版社 2008 年版，第 117 页。

第二句均明文规定了，合同等法律行为无效、被撤销情形的损害赔偿需要当事人有“过错”，因此，无法得出我国法上的先合同责任以故意为一般归责原则的结论。《合同法》第四十二条第（三）项具有先合同责任一般条款的地位，它所设定的归责标准，即“违反诚信”或“不诚信”就适用于所有先合同责任形态。而从本书第五章“先合同责任之实务”所举的援引《合同法》第四十二条第（三）项规定的典型案例来看，法官通常是将“过错”等同于“违反诚信”，正如学者所说，在“违反诚信”与“过错”的关系上，过错与不诚信在归责标准方面具有一致性，过错本身即属“违反诚信”。[①] 当然，这里的过错已经客观化了，行为人的过错表现为对依据诚实信用原则所产生的义务的违反。

我国法基于客观诚信的先合同责任构成要件包括：①当事人进入订立合同之关系，包含了合同准备阶段和磋商阶段；②缔约人一方违反先合同义务；③相对人受有损失；④缔约人一方违反先合同义务与相对人受有损失之间有因果关系；⑤违反先合同义务方有过错。分述如下：

1. 当事人进入订立合同之关系

有观点认为，先合同义务应从要约生效时发生，即以要约到达受要约人为先合同义务发生阶段的起点。[②] 这种观点不无道理，但亦有不尽严密之处。因为在缔约实践中，要约的发出、形成、生效需要一个过程，而双方为缔约而进行的准备和磋商行为则贯穿始终。换言之，在某些情况下，要约并未生效，甚至尚未形成要约，另一方已基于缔约接触而受到损害。如果以要约生效作为先合同责任成立的时间起点，则相对人此时的损害将无法获得赔偿。因此，先合同责任的发生起点应为双方当事人实际进入缔结合同之接触磋商之际。

---

① 张家勇：《论前合同责任的归责标准》，载《法学家》2014年第1期，第108页。

② 姜淑明：《先合同义务及违反先合同义务之责任形态研究》，载《法商研究》2000年第2期，第113页。

2. **缔约人一方违反先合同义务**

此为先合同责任之客观构成要件。① 依据我国现行法规定的层次，先合同义务可以分为诚信缔约义务［第四十二条第（一）项］、告知说明义务［第四十二条第（二）项］、保密义务（第四十三条）和一般诚信义务［第四十二条第（三）项］。一般诚信义务是个抽象性的概念，应以个案加以认定。从我国近三十年的司法实务来看，除了法律明确规定的合同无效或被撤销情形之外，法官将一般诚信义务予以类型化，主要有三类：违反报批义务、违反滥用谈判自由义务（中断磋商和违反初步协议）和违反保护义务。

3. **相对人受有损失**

多数学者主张相对人受有损失，应指财产损失，既可以是财产的直接减少，也可以是机会损失。② 由于我国审判实践中承认先合同阶段的保护义务，实践上相对人所受损害可能不仅有财产损害，而且有人身损害。前文高卫中与王新房缔约过失责任纠纷案和马改明与朱新中案即为典型。

4. **违反先合同义务行为与损失之间有因果关系**

“关于因果关系各国法律多未规定，系由法院实务创造不同的概念或理论，以界定行为人就其行为所生损害，应予负责的范围，体现不同的法律文化及思考方法。最为宽广的是法国法上的直接说，最为传统的是英国法的预见说，最为精致的是德国法的因果关系说及法规目的论。”③ 从我国司法实践来看，关于缔约上过失责任案例之民事判决书中法官很少论及因果关系，通常采取一种事实上的因果关系，即违反先合同义务的行为与损失之间无此即无彼的关系。在确定违反先合同义务行为与结果（损失）之间的因果关系时，既应当借鉴国外的因果关系理论的经验，又要结合我国的具体情况，确立因果关系规则。笔者认为，采折中的相当因果关系说较

---

① 台湾地区民法将之称为责任成立层次上的“违法性”判断问题。行为人客观上之侵害行为，包括作为与不作为，一旦违反其所应遵循的行为义务，进而违反整体法律秩序之评价，即构成了违法性。参见王泽鉴：《侵权行为》，北京大学出版社 2009 年版，第 216 页。

② 韩世远：《合同法总论》（第二版），法律出版社 2008 年版，第 117 页。

③ 王泽鉴：《侵权行为》，北京大学出版社 2009 年版，第 180 页。

为妥当。折中的相当因果关系说认为，应当以一般人能够认知和预见的情形以及行为人的特别认知、预见的情形为判断标准，换言之，以行为时一般人所预见或可能预见以及虽然一般人不能预见而为行为人所认识或能认识的特别情事为基础，判断因果关系的有无。[①]

5. **违反先合同义务方有过错**

关于过错究竟是主观观念还是客观概念，学说上主要有三种观点：第一种观点是主观过错说，认为过错就是行为人对自己的行为及其后果所具有的主观的心理状态；第二种观点是客观过错说，主张过错是对事先存在的义务的违反；第三种观点是综合过错说，提出过错是对行为人进行行为所具有的心理状态以及行为本身的社会评价和价值评价。我国多数学者认为过错是主观的概念，但检验过错标准的客观化，是现代民法发展的必然。前文已述，"违反诚信"是一般先合同责任的归责标准，由于诚实信用原则本身包含了行为标准（客观诚信），而客观诚信与过错判断标准客观化具有一致性，与主观过错观念亦能相容。因此，行为人未尽必要的注意义务，是判断其主观上有过错的标准。注意义务的设定应以相关交易活动参与者的平均注意水平确定。[②] 我国现行法区分不同情形对注意义务的要求不同，恶意磋商和违反告知义务，均要求违反先合同义务方为"故意"，除此之外，其他违反先合同义务行为要求行为人为"过错"，不以故意为限。此主观要件原则上应由加害一方负担举证责任。

（二）基于主观诚信的先合同责任构成要件

先合同信赖责任主要包括：意思表示错误撤销之赔偿责任、无权代理人损害赔偿责任、悬赏广告撤销损害赔偿责任和突然中断磋商责任。先合同信赖责任的构成要件与缔约过失责任的构成要件基本一致，最不同在于前者不以过错作为构成要件之一，而是将是否引起善意相对人的合理信赖作为构成要件之一。例如，要约因错误撤销时，表意人对信赖其意思表示为有效而受损害的相对人或第三人，应负赔偿责任，但其撤销之原因，受害人明知或可得而知者，不在此限。再例如，突然中断磋商的情形，中断

---

① 参见杨立新：《侵权责任法》，法律出版社 2010 年版，第 79 页。

② 张家勇：《论前合同责任的归责标准》，载《法学家》2014 年第 1 期，第 108 页。

方对信赖其将继续进行磋商而受损害的相对人，应负赔偿责任，但受害人明知或可得而知其中断磋商事由的除外。问题是如何认定足以引起善意相对人的合理信赖？参酌德国学说与判例之发展，判断标准可以分为下列类型：①以明示行为表示将缔约或作出确实将缔约的允诺；②导致相对人为准备缔约或履行合同支出费用；③要求相对人为相当于（部分）合同履行；④就合同重要之点几乎达成合意。[①]

第二节 先合同责任法律效果

一、损害赔偿

（一）先合同责任所涉及损害之概念

先合同责任的形式，最主要为损害赔偿责任。我国现行法也明确规定了先合同损害赔偿责任。损害的概念，其认定有“利益说”和“客观说”。利益说又称差额说，其内涵为损害是被害人因特定损害事故所受损害之利益，使损害等同于利益的概念，而衡量损害即利益时，以被害人于侵害前后财产状况为准而求其差额。客观说则承认损害的概念独立存在，与利益无关，应客观评估因侵害行为所遭受的直接损害。[②] 两种学说各有所短，我国学界和实务界关于损害概念的主流观点原则上采纳了利益说，并就先合同责任损害核心为信赖利益早已达成共识。但是，如何理解信赖利益这一概念以及其所涉及的履行利益、固有利益和期待利益等基本概念，是探讨先合同责任损害赔偿范围的前提。

---

① 参见曾姿璇：《契约磋商中断责任之研究——以民法第 245 条之 1 之规范意义为探讨中心》，台湾成功大学硕士学位论文，2006 年，第 166～167 页。

② 参见曾世雄：《损害赔偿法原理》，中国政法大学出版社 2001 年版，第 118～131 页。

1. **信赖利益**

大陆法系和普通法系学者关于信赖利益概念的理解是不同的。在耶林提出缔约上过失理论之前，萨维尼、斯期勒、温德夏特等人对缔约阶段的损害赔偿也作了一些探讨，但他们并未明确提出信赖利益的概念。[①] 耶林在系统论述缔约上过失理论时，虽然没有提及信赖利益的概念，却提出了“积极利益”和“消极利益”的概念。当代德国法上通常将消极利益（das negative interesse）与信赖损害（des vetrauensschadens）等同。[②] 弗卢梅教授主张，所谓消极利益，是指赔偿权利人只能请求将法律状况恢复到自己倘若没有信赖表示的效力本应处于的状况。[③] 汉斯·布洛克斯和沃尔夫·迪特里希·瓦尔克教授则认为，信赖损害（信赖或消极利益）是请求权人因“信赖表示的有效性”而遭受的损失。他必须处于这样的情况中：就像他从未听说过这个行为。[④] 德国民法上意思表示错误撤销损害赔偿之责、无权代理人损害赔偿之责和缔约上过失损害赔偿之责都赔偿信赖损害，即消极利益之损害赔偿。换言之，德国法最广义的先合同责任保护客体包含了消极利益（信赖利益）。

据学者考证，美国学者富勒教授和他的学生帕杜在合作的《合同损害赔偿中的信赖利益》中，最先正式提出了信赖利益（reliance interest）概念。[⑤] 但是，富勒教授所界定的信赖利益是针对合同损害赔偿而言，“基于对被告之允诺的信赖，原告改变了他的处境。例如，依据土地买卖合同，买方在调查卖方的所有权上支付了费用，或者错过了订立其他合同的机会。我们可判给原告损害赔偿以消除他因信赖被告之允诺而遭受的损害。我们的目的是要使他恢复到与允诺作出前一样的处境。在这种场合受保护

---

① 林诚二：《民法理论与问题研究》，中国政法大学出版社 2000 年版，第 241 页。

② 参见［德］迪特尔·梅迪库斯著，邵建东译：《德国民法总论》，法律出版社 2000 年版，第 634 页。

③ ［德］维尔纳·弗卢梅著，迟颖译：《法律行为论》，法律出版社 2013 年版，第 502 页。

④ ［德］汉斯·布洛克斯、沃尔夫·迪特里希·瓦尔克著，张艳译：《德国民法总论》，中国人民大学出版社 2012 年版，第 268 页。

⑤ 涂咏松：《信赖损害赔偿责任研究》，法律出版社 2010 年版，第 7 页。

的利益可叫作信赖利益（the reliance interest）”[1]。该理论的提出是为了弥补英美法对价原理之不足。按照对价中心理论，没有对价，合同是不可强制执行的，当事人也无须履行合同义务。但信赖规则认为即使在欠缺对价的情况下，如果允诺人作出允诺后，他人因此产生了合理的信赖，这种信赖利益应当受到保护。美国学者一般都认为，信赖利益的损害赔偿是使受害人处于合同从未订立的状态，而不是使其处于合同得到履行的状态。[2]

受域外学说之影响，我国学者们对于信赖利益概念的认识存在差异。史尚宽先生主要参考了德国理论，他提出：“信赖利益，即信无效之法律行为为有效所受之损害（民法第九十一条、第二百四十七条），亦称消极的行为上之利益或消极契约上之利益（德 negatives vertragsinteresse）。例如买卖契约订立之费用，履行之准备费及因信其契约为有效而未买入其他可能买入之物所受之损害。”[3] 目前台湾地区通说认为，所谓信赖利益，指法律行为为无效或得撤销，而相对人信赖其为有效不能撤销，因无效、撤销之结果所蒙受之不利益，又名消极利益。消极利益赔偿之结果，如同未曾发生过契约。[4] 王利明教授借鉴普通法系信赖利益理论，提出广义的信赖利益概念和狭义的信赖利益概念。广义的信赖利益概念适用于无权代理的责任、撤销悬赏广告的责任、合同解除后的责任、合同终止后的责任、意思表示有瑕疵的责任、给付不能的责任及不履行的责任。所谓因合同不履行所产生的信赖利益损失是指合同当事人因信赖对方将履行合同而支出的代价或费用，因一方不履行或不适当履行合同，将造成另一方代价或费用的损失。狭义的信赖利益就是指一方基于对另一方将与其订约的合理信赖所产生的利益；信赖利益的损失，是指因另一方的缔约过失行为而使合同不能成立或无效，导致信赖人所支付的各种费用和其他损失不能得到弥

---

① ［美］L. L. 富勒、小威廉·R. 帕杜著，韩世远译：《合同损害赔偿中的信赖利益》，中国法制出版社 2004 年版，第 6 页。

② 王利明：《合同法研究》（第二卷），中国人民大学出版社 2009 年版，第 623～624 页。

③ 史尚宽：《债法总论》，中国政法大学出版社 2000 年版，第 289 页。

④ 参见林诚二：《民法债编总论——体系化解说》，中国人民大学出版社 2003 年版，第 267 页；孙森焱：《民法债编总论》，法律出版社 2006 年版，第 361～362 页。

补。[①] 其他学者关于信赖利益概念的界定因对其具体内涵和赔偿范围的理解不同而有所差异。例如，崔建远教授主张，所谓信赖利益，是指缔约人信赖合同有效成立，但因法定事由发生，致使合同不成立、无效、不被追认或被撤销等而造成的损失。它同样包括直接损失和间接损失。[②] 有的学者认为，信赖利益是指缔约人在缔约过程中因对相对缔约人缔约行为的信赖而享有的现有利益不受侵害及未来可得利益善意期待的权利。还有的学者认为，信赖利益即是信赖合同有效成立所带来的利益。[③]

先合同责任所涉及的信赖损害采“利益说”，那么信赖利益概念实质上是一种消极利益，即缔约人信赖合同成立或合同生效，但因一方违背诚信导致的损失。此种损害原则上是以被害人于他方违背诚信的前后财产状况为准而求其差额。因此，信赖利益的核心是缔约费用和准备履行所支出的费用及其利息。史尚宽先生在界定信赖利益概念时，举例说信赖利益包含了因信赖合同有效而未买入其他可能买入之物所受之损害，并指出信赖利益含有积极的损害与消极的损害。所谓积极的损害，是指既存财产或生活利益之减少，例如因伤害而支付医疗费；所谓消极的损害，则指妨害既存财产或生活利益之增加，即应取得及可预期之利益，例如因伤害而不能工作，而未取得应取得之工资。[④] 这意味着信赖利益还包含了丧失缔约机会的损失。王泽鉴教授亦主张信赖利益包括订约费用、准备履行所需费用（积极损害）或丧失订约机会的损害（消极损害）。[⑤] 本书观点也支持信赖利益应该包含丧失机会的损失。

首先，从比较法来看，德国和美国的判例法均承认信赖利益包含丧失与第三人订约机会的损害。德国联邦最高法院 1955 年 3 月 4 日之判决（BB1955，429），涉及原告因向被告买受土地而与被告进行磋商。原告主张，被告已经向原告表示，仅考虑原告为买受人，并保证一并出售坐落于该地的房屋。但事后被告中断了磋商，原告因而起诉请求被告转移土地，并请求被告赔偿其因信赖被告之保证导致未买受其他土地所受之损害。法

① 王利明：《合同法研究》（第一卷），中国人民大学出版社 2002 年版，第 315 页。
② 崔建远：《合同法》（第二版），北京大学出版社 2013 年版，第 111 页。
③ 参见陈吉生：《论缔约过失责任》，法律出版社 2012 年版，第 121 页。
④ 史尚宽：《债法总论》，中国政法大学出版社 2000 年版，第 288 页。
⑤ 王泽鉴：《债法原理》，北京大学出版社 2009 年版，第 194 页。

官认为，原告转移土地的请求权是基于合同而产生的履行请求权，而此案尚不存在合同，因而原告请求转移土地，显无理由。而原告请求赔偿因信赖被告之保证而丧失购买其他土地机会之损失则属于信赖利益请求部分。但此案原告未能举证其依被告从事磋商的行为，可以预期即将缔结买卖合同，最终法官无法作出对其有利的判决。① 美国法上也有判例表明先合同阶段的信赖利益包含了机会损失。美国华盛顿州最高法院在马科夫诉 ABC 运送与仓储公司案的判决中，根据承租人的信赖利益不仅包括其因不得不仓促搬到其他仓库而发生的费用，还包括没有对此次搬迁进行准备而造成其客户离去而损失的利润。因此，法院将承租人失去继续为其主要客户提供服务的机会计算进了承租人的信赖利益之损失。②《欧洲合同法原则》对第 2：302 条评释 G 违反诚信原则之磋商，也将因缔约磋商而丧失机会之损失包含在损害之内。③ 当然，法律并非对机会丧失的损失一律准予赔偿。至于何时否定、何时肯定，需要根据个案情形加以确定。

其次，我国司法实务肯定了信赖利益包含机会损失。我国有些司法解释明确认可在缔约上过失情形下机会损失亦属于信赖利益。例如，根据《最高人民法院关于审理商品房买卖合同纠纷案件适用法律若干问题的解释》第二条和第五条的规定，如果出卖人已经取得商品房销售许可证、具备签订商品房买卖合同的条件而故意不签订的，或者可以取得商品房预售许可证却故意不予办理，以阻止签订商品房买卖合同的条件成就导致交易失败，可判决出卖人向买受人赔偿信赖利益损失即该商品房签订认购书时的价值与诉讼时市场价值之间的差价。这种处理方案明显支持信赖利益包含了机会损失。④

2. 履行利益

德国法上所谓履行利益（erfüllungsinteresse），是指“意思表示有效时

---

① Wolfgang Küpper，Das Scheitern von Vertragsverhandlungen als Fallgruppe der Culpa in Contrahendo，Duncker & Humblot，1988，S. 61 – 62.

② ［美］E. 艾伦·范斯沃思著，葛云松、丁春艳译：《美国合同法》，中国政法大学出版社 2004 年版，第 199 ~ 200 页。

③ 参见［德］克里斯蒂安·冯·巴尔、乌里希·德罗布尼希主编，吴越、王洪、李兆玉、施鹏鹏等译：《欧洲合同法与侵权法及财产法的互动》，法律出版社 2007 年版，第 72 ~ 77 页。

④ 参见陈吉生：《论缔约过失责任》，法律出版社 2012 年版，第 185 ~ 187 页。

所受利益”。[1] 受此观点影响，史尚宽先生主张履行利益是指法律行为有效成立，债权人就其获得债务履行所存之利益，即因债务人不履行其债务，致有效成立之法律行为之效力未获所生之损害，亦称为积极行为上利益或积极契约上之利益，包含了积极的与消极的损害。[2] 多数学者认可此种观点，履行利益又可称为积极利益，其指债权人就合同履行时之利益，也即债务人不履行债务时，债权人因而所受之不利益。英美法中与履行利益相对应的概念则是期待利益（expectation interest）。[3] 在美国 Hawkins V. McGee 一案中，原告因手烧伤而求助被告医生，原告表示被告承诺将使其受伤的手完全复原，但手术并未成功，原告手的情况反而较手术前更为糟糕，因此向被告医生请求违约损害赔偿。本案提出了两种损害赔偿：其一，将手回复至手术前状态的“信赖利益”损害赔偿；其二，将手回复至契约约定所应呈现完美状态的“期待利益”损害赔偿。法院最后同意保护原告所主张之期待利益，即使原告处于合同被顺利履行的状态。富勒说：“我们可以寻求给与受诺人由允诺形成之期待的价值，我们可以在一特定履行（specific performance）诉讼中实际强迫被告向原告提供允诺了的履行，或者在一个损害赔偿诉讼中，我们可以使被告支付这种履行的金钱价值。在这里我们的目标是使原告处于假若被告履行了其允诺他所应处的处境。在这种场合所保护的利益我们可以叫作期待利益（the expectation interest）。”[4]

3. 固有利益

德国学说上将信赖利益和履行利益合称为变动利益（das veränderungsinteresse），是用以彰显相对于静态性格之固有利益，所具有的动态特征。固有利益又称维持利益（erhaltungsinteresse），是一大陆法系的专有概念。通说认为，固有利益是指相对人现有的人身和财产遭到破坏而

---

① ［德］卡尔·拉伦茨著，王晓晔、邵建东、程建英、徐国建、谢怀栻译：《德国民法通论》（下册），法律出版社 2013 年版，第 389 页。

② 史尚宽：《债法总论》，中国政法大学出版社 2000 年版，第 288 页。

③ 林诚二：《民法债编总论——体系化解说》，中国人民大学出版社 2003 年版，第 267 页。

④ ［美］L. L. 富勒、小威廉·R. 帕杜著，韩世远译：《合同损害赔偿中的信赖利益》，中国法制出版社 2004 年版，第 6 页。

产生的损失。缔约人信赖相对人而投入缔约费用、准备履约及受领给付费用之后，该信赖如果落空，这些费用的支出则转为损失，此即信赖利益之损害。这些费用的投入，必须先从现有财产中分离出来，在分离投入后，该费用不再属于相对人的现有财产，这即是信赖利益和固有利益之界限所在。[①] 现行侵权责任相关规定保护之利益主要是固有利益，合同责任相关规定保护之利益也包含了固有利益（加害给付），因此在受害法益是固有利益的情形下，合同责任与侵权责任可能构成竞合。这通常是先合同责任或加害给付与侵权责任间的竞合。在缔约过程中，根据利益损害的类型，可分为非加害型和加害型，前者主要指在合同不成立、无效或被撤销的情形下，过错方所应承担的信赖利益的赔偿责任；后者是违反缔约阶段的保护义务，它所保护的利益与信赖利益和履行利益无关，而与债权人的固有利益相关。[②] 所谓的先合同责任的固有利益损失，是指当事人没有尽到缔约阶段的保护义务而给相对人造成人身或财产损害。

（二）先合同责任损害赔偿范围

我国理论界主流学说主张缔约上过失责任损害赔偿范围原则上限于信赖利益，即将受害人回复至先合同不当行为前之利益状态。从比较法的角度来看，德国法目前通说认为缔约上过失应视“具体情形”认定得请求损害赔偿范围，而不应一味地以“信赖利益”作为损害赔偿范围之紧箍咒。[③] 下文根据我国法和实务中出现的先合同责任类型，并依据固有利益和变动利益（信赖利益和履行利益）的划分继续讨论。

1. 违反先合同保护义务之损害赔偿范围：固有利益为限

“盖从诚信原则以及交易信赖保护来衡量，社会所课以当事人注意义务，在缔约前、缔约时、契约存续期间与债之关系消灭后，并无轩轾。”[④]

---

① 黄茂荣：《债法总论》（第二册），中国政法大学出版社 2003 年版，第 181 页。

② 刘海奕：《加害给付研究》，见梁慧星主编：《民商法论丛》（第 4 卷），法律出版社 1998 年版，第 78 页。

③ 黄茂荣：《债法总论》（第二册增订版），台湾植根出版社 2004 年版，第 377 ~ 378 页。

④ 《契约给付义务新论》，见黄越钦：《私法论文集》，台湾世纪书局 1980 年版，第 204 页。

先合同保护义务、合同保护义务和后合同保护义务均以维护债权人之固有利益为目的，三者同质异形，并无本质区别。德国法上当事人为准备或商议订立合同而负的保护义务（die schutzpflichten）所涉及的事项即是相对人之安全的保护，所以也常被称为安全义务（die sicherungspflichten）。德国判例法上最初有帝国法院审理的著名的“亚麻仁油布地毯案”，第二次世界大战之后，德国联邦最高法院不仅延续了帝国法院的做法，而且在经典的“香蕉皮案”判决中将先合同保护义务的时间点提前至当事人以可能的顾客身份进入交易场所。1976 年 1 月 28 日，在著名的“蔬菜叶案”判决中，德国联邦最高法院更将缔约上过失与附保护第三人作用契约相结合，使先合同保护义务对象及于顾客对其福祸（wohl und wehe）负有责任，并且随同顾客进场之第三人（此案中为顾客之未成年女儿）。① 对于判例法上承认此种先合同保护义务，德国学说上持反对意见者认为，此举主要是为了弥补德国侵权法之不足，尤其是如受雇人举证免责之规定（第八百三十一条）。赞成者则提出，当事人自为缔结契约而接触磋商时起，即将自己的利益置于相对人可能影响的范围内，此时在当事人之间即产生一种特别结合关系，要求当事人彼此对他方的法益给予较高的注意及照顾，从而使当事人负有较一般侵权行为注意义务更强的先合同保护义务，是为实现诚实信用原则的重要结果。②

关于违反先合同保护义务之责是否属于先合同责任，我国学说上也是有争议的。正如德国学说上始终存在分歧，但德国判例法仍将继续选择以先合同保护义务作为解决相关问题的基础，我国实务也不断涌现以违反先合同保护义务为基础解决缔约阶段人身和财产损害纠纷之判决。缔约人在缔约中可能因其过失，而致损害相对人固有利益的因素，主要有为其提供商议场所、商议标的物、缔约人或其辅助人之身体状况（如有传染病）或行为有不安全性。如果没有缔约活动造成或增加双方社会或业务的接触，那么相对人本来无权或没有机会接近该为商议而提供之场地、标的物、相对人，并因此遭受损害。鉴于社会或业务的接触提供缔约人暴露于相对人

---

① 参见邱雪梅：《民事责任体系重构》，法律出版社 2008 年版，第 103 页。

② Frost Marina, “Vorvertragliche” und “Vertragliche” Schutzpflichten, Duncker & Humblot, 1981, S. 136.

管领之危险下的机会，因此，其接触被假定建立在其他相对人根据客观诚信要求会避免危险存在或防止危险。[①] 从而以此种客观诚信为基础，发展出先合同保护义务，用以保护因缔约关系而发生社会或业务接触的缔约人。违反该义务的损害赔偿范围即为固有利益。该利益是在缔约活动之前即已经存在，形态可能是权利，也有可能是不具权利地位的财产利益。其中权利又可区分为人身权和财产权，对于人身权之侵害有可能引起精神损害。我国实务中违反以客观诚信为基础的先合同保护义务之责，涉及人身损害赔偿时援引最高人民法院人身损害赔偿司法解释，其中亦包含了精神损害赔偿。

2. 其他违反先合同诚信损害赔偿范围：变动利益为限

（1）以信赖利益为限。

国外学说和实务一般认为，恶意磋商和错误撤销表意人所导致的损害赔偿以信赖利益为限。

《欧洲私法中的先合同责任》一书中第一个假设案例即为典型的“恶意磋商”。此案基本事实：A 为一家书店所有人，他听闻一全国性连锁书店 C 正与 B 磋商以 120 万欧元购买其所有的不动产，而该房产正好位于 A 所有的书店的对面。A 担心 C 与之竞争书店生意，于是 A 假意欲将其书店搬至 B 拥有的不动产处，与 B 磋商将以 150 万欧元购买该房产。此举令 C 退出磋商，并决定在他处购买房产。A 知悉后即中断与 B 之磋商。最终，B 仅以 100 万欧元出售该不动产。奥地利、丹麦、英国、芬兰、法国、德国、希腊、爱尔兰、意大利、荷兰、挪威、葡萄牙、西班牙、瑞典、瑞士都会给予 B“信赖利益”的损害赔偿。此案的损害赔偿范围包括两个部分：其一，B 在与 A 磋商期间所产生的缔约费用，例如评估房产的费用；其二，B 当然有权请求 A 赔偿其机会损失。多数报告人确定赔偿的机会损失为 20 万欧元。法国、丹麦和意大利报告人则主张该机会损失数额应由法官根据个案进行判断。此案如果没有 A 的恶意磋商行为，B 有可能以 120 万欧元的价格出售给 C，但其因 A 的不当行为丧失了该机会，法官有可能判决支持 B 所主张的机会损失的损害赔偿。然而，此案机会损失的损害赔偿额不可能达到 20 万欧元，因为 B 和 C 之间以 120 万欧元进行交易并不

---

① 黄茂荣：《债法总论》（第二册），中国政法大学出版社 2003 年版，第 181 页。

确定。值得注意的是，葡萄牙有在恶意磋商情形下不以信赖利益为限，承认信赖利益数额可能超过履行利益或赔偿履行利益的案例。[①]

我国学说和司法实务也肯定国外多数国家的做法，将这两类先合同责任的损害赔偿范围限制在信赖利益的范围之内。本书采纳此种观点，由于恶意磋商双方当事人并未缔结合同，损害赔偿范围不宜超过信赖利益，机会损失的价值也以法官在个案中自由裁量较为妥当。大陆法系德国、日本和中国台湾地区通说与欧洲合同原则均主张错误撤销表意人的损害赔偿范围以信赖利益为限，不得超过相对人或第三人于意思表示有效时所受利益，即相当于履行利益之部分。因为相对人或第三人虽为受有损害一方，但法律政策上并不采纳将它们处于较合同有效时更佳的利益状态。[②] 我国也可延续此种做法，在未来民法典中增加意思表示撤销之制度，并将其损害赔偿范围限于信赖利益。

（2）不以信赖利益为限。

从比较法的角度考察，违反先合同告知义务和违反保密义务、合同无效或被撤销的损害赔偿范围可以不限于信赖利益。德国债法改革后，学界与实务均认为合同无效或被撤销、缔约方违反告知、说明等义务，受害方请求解除合同或要求依照合同调整，立法者基本上采开放态度，交由法院根据个案进行判决，虽说多以"信赖利益"为赔偿范围之常态，但并未完全排除请求"履行利益"赔偿的可能性。例如，当缔约受害人举证证明，如果相对人没违反说明义务，其将不会缔结此事实上已经成立的对其不利的合同，而会另行缔结一内容较佳的合同时，则该当事人可以基于此假设性有效成立的合同，向加害人请求未履行此合同而产生的"履行利益"的损害赔偿。[③] 关于违反报批义务、违反先合同告知义务、违反保密义务和合同无效或被撤销损害赔偿范围，我国最高人民法院司法解释和实务中法官所作判决，采取了与德国法相同的做法。例如，《最高人民法院关于审

---

① John Cartwright & Martijn Hesselink, *Precontractual Liability in European Private Law*, Cambridge University Press, 2008, pp. 21 – 63.

② Basil S. Markesinis, Hannes Unberath & Angus Johnston, *The German Law of Contract—A Comparative Treatise*, Hart Publishing, 2006, p. 289.

③ 向明恩：《德国缔约上过失理论之发展》，载《台北大学法学论丛》2009 年第 70 期，第 36 ~ 37 页。

理商品房买卖合同纠纷案件适用法律若干问题的解释》规定，出卖人订立商品房买卖合同，具有一些特殊情形，导致合同无效或被撤销、解除的，买受人可以请求返还已付房款及利息、赔偿损失，并可以请求出卖人承担不超过已付房款一倍的赔偿责任。再例如，《最高人民法院关于审理外商投资企业纠纷案件若干问题的规定》第六条第二款规定："转让方和外商投资企业拒不根据人民法院生效判决确定的期限履行报批义务，受让方另行起诉，请求解除合同并赔偿损失的，人民法院应予支持。赔偿损失的范围可以包括股权的差价损失、股权收益及其他合理损失。"该规定承认了违反报批义务的损害赔偿范围为履行利益。

关于无权代理人损害赔偿范围，德国法和希腊法区分代理人是否知悉无权代理一事，倘若代理人是善意的则仅负信赖利益损害赔偿责任。如果代理人是恶意的，那么由相对人选择令代理人履行合同或为履行利益之损害赔偿。奥地利法则区分商事或民事交易类型而为不同处理，前者与德国法和希腊法一样的标准，后者一律限于信赖利益之赔偿。瑞士法的解决方案：自称的代理人对第三人的信赖利益承担责任，但"如果公平的要求"需要，则他要承担由于错误地假定自己有代理权而给对方造成的履行利益的赔偿金。意大利法、葡萄牙法、法国法、比利时和卢森堡法限于信赖利益部分。欧洲合同法原则第 3：204 评释 C 表述为代理人需赔偿相对人至如同本人曾授予代理权限或于代理权限范围内为行为之同等状态，并且本条为代理人向相对人保证其系基于本人之授权而行为，不论代理人知悉自己享有权限与否，都仅负损害赔偿责任、不受该合同之拘束。依此规定，则无权代理人需承担相当于"履行利益"之赔偿范围。① 笔者以为，我国法可借鉴德国之做法，以代理人是否知悉自己有无代理权限为区分标准，善意的则仅承担信赖利益损害赔偿，恶意的则应承担履行利益损害赔偿。

中断磋商的损害赔偿范围问题较为复杂。就中断磋商责任而言，德国法赔偿范围及于信赖利益，但当合同足以成立，仅欠缺法定方式时，双方当事人间具有强烈的信赖关系，因此如果容忍一方当事人恣意于缔约最后阶段拒绝履行形式要求，显失公允，此种损害赔偿金额有时会超过合同可

---

① ［德］海因·克茨著，周忠海、李居迁、宫立云译：《欧洲合同法（上卷）》，法律出版社 2001 年版，第 343 ~ 344 页。

能达成的期待利益。荷兰最高法院将磋商分成三个阶段：第一阶段，双方当事人有任意中断缔约自由，不负赔偿责任；第二阶段，当事人仍有中断缔约之自由，但应赔偿他方因此所支出之成本与费用，即信赖利益；第三阶段，也是磋商最后阶段，当事人无中断磋商自由，一方当事人于磋商至第三阶段中断缔约的，负有赔偿“履行利益”之责任。日本法与荷兰法一样，采取缔约阶段性方法，如磋商已成熟到与合同成立相同的程度，应考虑“履行利益”之损害赔偿。[①] 缔约是一个以生效为目标的动态发展，并因之逐步成熟的过程，在此持续不断的成熟过程当中，当事人彼此信赖因合同有效而享有“履行利益”的程度，也相应逐步强化。因此，本书也主张根据磋商过程“阶段化”而赋予不同之损害赔偿责任。

而违反初步协议之责任，最初为英美法所重视。原因在于：英美法重对价原则，缔约前的文书往来频繁，如意向书（letter of intent）等初步协议。英国法原则上不承认初步协议具有法律效力。美国法则根据个案而定。针对初步协议之损害赔偿范围而言，基本上仍以信赖利益为原则。美国实务上判定赔偿信赖利益的原因有二：其一是期待利益为未确知之数额；其二是计算期待利益数额过于困难。当事人即使签订了初步协议，但最终往往不能签订合同，原告难以证明相对人如果遵守诚信义务即能最终缔约，所有法院多仅肯定信赖利益之损害赔偿。[②] 大陆法系如果初步协议符合预约的要求，则构成合同，违反此种初步协议应承担违约责任；如果初步协议不符合预约要求，则构成中断磋商，承担先合同责任。前文已述，我国已有预约的相关规定，因此先要判断初步协议是否已经具有合同要素，违反不具备合同要素的初步协议，损害赔偿范围原则上为信赖利益，如果已经接近合同，那么损害赔偿范围可以是履行利益。

二、其他法律效果

一般认为，先合同责任法律效果仅为损害赔偿。但也有学者主张除了

---

① 参见唐采蘋：《中断缔约责任之损害赔偿范围》，台湾大学硕士学位论文，2010 年，第 151 ~ 153 页。

② E. Allan Farnsworth, Precontractual Liability and Preliminary Agreements: Fair Dealing and Failed Negotiations, *Columbia Law Review*, 1987, Vol. 87, pp. 277 – 278.

损害赔偿请求权外，合同有效的缔约上过失中，承认减价请求权的存在，也是可能的。另外，还可能存在履行拒绝权。[①] 更值得讨论的则是先合同责任法律效果能否包含继续履行，即强制缔约。笔者以为先合同责任的立足点应该在合同自由与诚实信用原则之间取得平衡点。依据传统的民法教义学，私法自治是建构民法之特有原则。依据该原则，法群体各构成主体基于自己责任形成生活上之关系，最重要的生活关系形式即缔结合同，因此合同自由是私法自治原则的主要基本形式。合同自由的主要内容包括缔约自由和选择相对人自由。基于缔约自由，当事人不论是否有正当理由，均得随时决定结束磋商。双方当事人只要处于“合同磋商”阶段就不能忽略一方原有的缔约自由。因此，如果一方中断磋商的法律效果是强制双方必须缔约，那么当事人虽可以选择违约但损害赔偿范围是履行利益，也有可能过度侵害一方的合同自由。私法责任从最初的人身惩罚到人身强制，最后发展到以财产责任尽可能代替人身责任的近现代私法，这条铺满鲜血和斗争的崎岖之路上所闪现的人性的光辉是不允许被随意扑灭的，是人脱离野蛮，走向文明的标志之一。因此，由国家公权力（司法）干涉合同自由，直接强制当事人继续磋商谈判并缔约，实有违现代文明之精神。现代民法赋予缔约受害人以损害赔偿救济为妥。

---

① 韩世远：《合同法总论》，法律出版社 2008 年版，第 128 页。

结 论

远在罗马法时代，以买卖缔约阶段为中心，产生了缔约上过失责任的观念。1794年《普鲁士普通邦法》有了缔约上过失责任制度的雏形。1861年耶林的缔约上过失责任理论指出：任何当事人从事缔约，即从合同交易外的纯粹消极义务领域，进入合同范畴的积极义务领域。过失原则所保护的不仅是业已形成的合同关系，而且包括正在形成或发生的合同关系。缔约当事人所承担的最重要及基本的义务：于合同缔结之际应为必要的注意。耶林的缔约上过失理论对两大法系都产生了深远影响。1901年，意大利法官发现了中断磋商责任问题，法国学者将之翻译成先合同责任，最初的先合同责任仅指中断磋商责任，并归属于缔约上过失责任的类型之一。1964年，美国的《哈佛法律评论》刊发了一篇比较法上著名的以缔约上过失为主题的英文论文，此文中作者将先合同责任等同于缔约上过失。先合同责任概念从狭义走向了广义，又从广义走向了最广义。所谓最广义的先合同责任，是指所有产生于先合同阶段的责任之统称，本质上不过是一个叙述性的概念。本研究主要围绕着最广义的先合同责任概念，以期对我国法上出现的所有与先合同相关的责任的规定进行一次梳理和反思。

百年来，从目的契约说到债务关系说再到最终法益接触说，法律人从未停止对先合同基础之讨论。耶林时代所讨论的缔约阶段损害赔偿问题经由长时间的发展，早已不限于合同无效或未完成的典型情形，更扩大至包括缔约中违反说明义务、中断磋商，尤其包括违反保护义务而侵害相对人的身体健康等。晚近的信赖责任说和社会接触说均欲克服早期学说的缺陷，尝试说明缔约阶段产生的所有责任之依据，虽然两种学说的立论点不同，但形成了一个共识，即先合同法在实体法上的基础是诚实信用原则。鉴于缔约阶段所产生的责任之多样性和复杂性，实难以一种理论来说明先合同责任的基础，而我国民事立法将诚实信用原则确立为民法的基本原则，学界也普遍接受该原则的适用范围可延伸至先合同阶段。未来我国民法典中的先合同责任可以诚实信用原则为基础，主观诚信所产生的信赖保护原则是意思表示错误撤销类责任之基础，而客观诚信所产生的信赖保护原则是缔约上过失责任之基础。

传统民事责任体系区分为合同责任和侵权责任，二者分属不同的法律规范，各有其独自的指导原理，各有其责任构成要件与法律效果，体现不同的理论基础。先合同责任如何在传统二元分野的民事责任体系中定位，成为学界讨论的热点之一，先后涌现出了“侵权责任说”“合同责任说”“第三类责任说”和“非独立责任说”。坚守近代民法所确立的侵权责任和合同责任制度，那么先合同责任的性质是“第三类责任”。先合同责任的定位与其说是性质界定的逻辑推演，不如说是一种法律政策对法技术的权衡。早在 1999 年，我国合同法设立了专门的条文规范先合同阶段的损害赔偿问题，并没有采纳普通法的非独立责任的定位方式，伴随着中国民法典工作的重新启动，更没有必要放弃既有的做法，重新将先合同责任定位为非独立责任，用合同法和侵权法中不同的制度来解决缔约阶段的损害赔偿问题。现行法的态度更接近于德国式的先合同责任定位，即使我国新的侵权责任法与德国侵权法不同，但司法实务中法官仍然主要援引合同法的相关条文处理先合同责任问题。未来民法典对先合同责任的安排，应当尊重既有的“第三类责任”的定位。如果不设立债法编，仍保持现有《合同法》和《侵权责任法》并行的结构，那么先合同责任应定位于合同法之中。虽然此种责任是法定责任，但其与合同的发展密切相关，纳入合同法进行规范，援引合同法原理调整，更加妥善。如果设立债法编，则可以将先合同责任的规定从合同法中独立出来，以诚实信用原则为基础，设置不同于合同责任和侵权责任的构成要件和法律效果。

先合同责任经由学说和判例的推动，早已超越最初限于具有缔约外观的理论原型，发展成为一庞大而复杂的责任体系。先合同责任类型化是一个崭新的问题。无论是“合同效力法”，还是“损害法”，抑或是“义务法”，学者们使用不同的方法归纳判例和解释实定法，并得出不同的结论。我国法上的先合同责任以诚实信用原则为基础，主观诚信所衍生的先合同责任类型包括：①意思表示错误或传达错误责任；②无权代理人责任；③要约撤销；④悬赏广告撤销；⑤突然中断磋商等损害善意相对人信赖的情形。客观诚信所发展的先合同责任类型包括：①恶意磋商；②不实陈述；③违反保密义务；④违反报批义务等违背客观诚信所要求的行为标准之行为。违反预约的行为产生的是违约责任，而非先合同责任。

我国立法上对先合同责任作了较为完整的规定，但是在审判实践中如何理解和适用一般规定和具体规定，仍存在较大争议。虽然2011年最高人民法院颁布的《民事案件案由规定》将“缔约过失责任纠纷”作为一种独立的案由，但是以此为案由起诉的案件并不多，全国可公开查询到的仅有670份民事裁判文书。《合同法》第四十二条第（三）项规定的是先合同责任的一般条款，实务中法官将之具体化为违反报批义务之责、中断磋商之责、违反保护义务之责和违反初步协议之责。而恶意磋商、违反先合同告知义务和合同无效或被撤销等典型案例，反映了实务中最难处理的是先合同责任的构成要件和损害赔偿范围问题。

我国法上最广义的先合同责任确实包含了基于客观诚信的先合同责任和基于主观诚信的先合同责任，换言之，先合同过错责任和先合同信赖责任。基于客观诚信的先合同责任构成要件为：①当事人进入订立合同之关系，包含了合同准备阶段和磋商阶段；②缔约人一方违反先合同义务；③相对人受有损失；④缔约人一方违反先合同义务与相对人受有损失之间有因果关系；⑤违反先合同义务方有过错。基于主观诚信的先合同责任构成要件将是否引起善意相对人的合理信赖作为构成要件之一。信赖的判断标准可以分为：①以明示行为表示将缔约或作出确实缔约的允诺；②导致相对人为准备缔约或履行合同支出费用；③要求相对人为相对于（部分）合同履行；④就合同重要之点几乎达成合意。讨论先合同责任损害赔偿范围问题的前提是厘清信赖利益这一概念以及其所涉及的履行利益、固有利益和期待利益等基本概念。信赖利益实质上是一种消极利益，即缔约人信赖合同成立或合同生效，但因一方违背诚信导致的损失。此种损害原则上是以被害人于他方违背诚信的前后财产状况为准而求其差额。因此，信赖利益的核心是缔约费用和准备履行所支付的费用及其利息。此外，信赖利益还包含了积极的损害，即丧失与他人缔约机会的损失。当然，法律并非对机会损失一律准予赔偿。至于何时否定、何时肯定，需要根据个案情形加以确定。理论界和实务界通说先合同责任的损害赔偿范围限于信赖利益，即将受害人回复至先合同违反诚信前之利益状态。从比较法的角度看，应视“具体情形”认定得请求损害赔偿范围，而不应一味地以“信赖利益”作为先合同责任损害赔偿的紧箍咒。违反先合同保护义务之损害赔偿范围应以固有利益为限，包括精神损害赔偿。其他违反诚信之损害赔偿范围则应以变动利益为限。具体而言：其一，恶意磋商损害赔偿范围以信赖利益为限；其二，错误撤销表意人的损害赔偿范围以信赖利益为限，不得超过相对人或第三人于意思表示有效时所受利益，即相当于履行利益之部分；其三，违反报批义务、违反先合同告知义务、违反保密义务和合同无效或被撤销时的损害赔偿范围，以信赖利益为赔偿范围之常态，但并不排除请求履行利益赔偿的可能性；其四，无权代理人损害赔偿范围，以代理人是否知悉自己有无代理权限为区分标准，善意的则仅承担信赖利益损害赔偿，恶意的则应承担履行利益损害赔偿；其五，中断磋商损害赔偿范围，主张根据磋商过程“阶段化”而赋予不同之损害赔偿责任，磋商已成熟到与合同成立相同的程度，应考虑履行利益之损害赔偿；其六，违反初步协议之责，关键看初步协议是否已经具有合同要素，违反不具备合同要素的初步协议，损害赔偿范围原则上为信赖利益，如果已经接近合同，那么损害赔偿范围可以是履行利益。

综合本研究各部分的结论，笔者设想的未来民法典中的先合同责任制度如下表所示。

<table>
<tr><td rowspan="4">先合同责任</td><td>责任基础</td><td>责任定位</td><td>责任成立</td><td>责任范围</td><td>责任时间限制</td></tr>
<tr><td>诚实信用原则</td><td>独立
第三种责任</td><td>一般性先合同责任</td><td>分类型</td><td>诉讼时效</td></tr>
<tr><td>信赖保护原则
客观诚信：先合同义务</td><td>方案一：保留在合同法中</td><td>先合同过错责任</td><td>违反保护义务：固有利益</td><td rowspan="2">3 年</td></tr>
<tr><td>信赖保护原则
主观诚信：善意信赖</td><td>方案二：债法中独立部分</td><td>先合同信赖责任</td><td>违反其他诚信：变动利益</td></tr>
</table>

参考文献

一、著作

（一）中文著作

［1］陈朝璧：《罗马法原理》，法律出版社2006年版。

［2］陈自强：《民法讲义Ⅰ：契约之成立与生效》，法律出版社2002年版。

［3］陈吉生：《论缔约过失责任》，法律出版社2012年版。

［4］陈忠五：《契约责任与侵权责任的保护客体》，北京大学出版社2013年版。

［5］崔建远：《合同责任研究》，吉林大学出版社1991年版。

［6］崔建远：《合同法总论》（上卷），中国人民大学出版社2008年版。

［7］崔建远：《合同法》（第二版），北京大学出版社2013年版。

［8］丁玫：《罗马法契约责任》，中国政法大学出版社1998年版。

［9］董安生：《民事法律行为》，中国人民大学出版社2002年版。

［10］傅静坤：《二十世纪契约法》，法律出版社1998年版。

［11］郭明瑞主编：《民事责任论》，中国社会科学出版社1991年版。

［12］韩世远：《合同法总论》，法律出版社2006年版。

［13］韩世远：《违约损害赔偿研究》，法律出版社1999年版。

［14］何宝玉：《英国合同法》，中国政法大学出版社1999年版。

［15］何勤华：《外国民商法导论》，复旦大学出版社2000年版。

［16］黄风：《罗马私法导论》，中国政法大学出版社2003年版。

［17］黄立：《民法债编总论》，中国政法大学出版社2002年版。

［18］黄茂荣：《债法总论》（第一册），中国政法大学出版社 2003 年版。

［19］黄茂荣：《债法总论》（第二册），中国政法大学出版社 2003 年版。

［20］黄松有主编：《最高人民法院人身损害赔偿司法解释的理解与适用》，人民法院出版社 2004 年版。

［21］江平、米健：《罗马法基础》（修订本第三版），中国政法大学出版社 2004 年版。

［22］江平主编：《民法学》，中国政法大学出版社 2007 年版。

［23］李国光主编：《合同法解释与适用》，新华出版社 1999 年版。

［24］李昊：《纯经济上损失赔偿制度研究》，北京大学出版社 2004 年版。

［25］李昊：《交易安全论——德国侵权行为法结构变迁的一种解读》，北京大学出版社 2008 年版。

［26］李宜琛：《日耳曼法概说》，中国政法大学出版社 2003 年版。

［27］李宜琛：《民法总则》，正中书局 1943 年版。

［28］李永军：《合同法原理》，中国人民公安大学出版社 1999 年版。

［29］李永军：《合同法》（第二版），法律出版社 2005 年版。

［30］李开国：《民法总则研究》，法律出版社 2003 年版。

［31］梁慧星：《民法总论》（第二版），法律出版社 2001 年版。

［32］梁慧星：《民法学说判例与立法研究》，中国政法大学出版社 1993 年版。

［33］林诚二：《民法债编总论——体系化解说》，中国人民大学出版社 2003 年版。

［34］林诚二：《民法理论与问题研究》，中国政法大学出版社 2000 年版。

［35］刘春堂：《民法债编通则（一）契约法总论》，台湾三民书局 2001 年版。

［36］刘承韪：《英美法对价原则研究：解读英美合同法王国中的“理论与规则之王”》，法律出版社 2006 年版。

［37］柳经纬：《当代中国民事立法问题》，厦门大学出版社 2005

年版。

［38］柳经纬主编：《我国民事立法的回顾与展望》，人民法院出版社2004年版。

［39］柳经纬：《民法总论》，厦门大学出版社2000年版。

［40］龙卫球：《民法总论》（第二版），中国法制出版社2002年版。

［41］马俊驹、余延满：《民法总论》，法律出版社2006年版。

［42］马强：《合同法新问题判解研究》，人民法院出版社2005年版。

［43］梅仲协：《民法要义》，中国政法大学出版社1998年版。

［44］潘维大、刘文琦：《英美法导读》，法律出版社2002年版。

［45］齐晓琨：《德国新、旧债法比较研究——观念的转变和立法技术的提升》，法律出版社2006年版。

［46］邱聪智：《从侵权行为归责原理之变动论危险责任之构成》，中国人民大学出版社2006年版。

［47］邱聪智：《民法研究》（第一册），台湾五南出版社2000年版。

［48］史尚宽：《民法总论》，中国政法大学出版社2000年版。

［49］史尚宽：《债法总论》，中国政法大学出版社2000年版。

［50］苏永钦：《走入新世纪的私法自治》，中国政法大学出版社2002年版。

［51］隋彭生：《合同法要义》（第二版），中国政法大学出版社2005年版。

［52］孙森焱：《民法债编总论》，法律出版社2006年版。

［53］沈德咏、奚晓明主编：《最高人民法院关于合同法司法解释（二）理解与适用》，人民法院出版社2009年版。

［54］陶希晋：《民法债权》，法律出版社1998年版。

［55］佟柔：《中国民法》，法律出版社1990年版。

［56］佟柔主编：《中华人民共和国民法通则简论》，中国政法大学出版社1987年版。

［57］涂咏松：《信赖损害赔偿责任研究》，法律出版社2010年版。

［58］王伯琦：《民法总则》，台湾“国立”编译馆1979年版。

［59］王建平：《民法法典化研究》，人民法院出版社2006年版。

［60］王利明：《违约责任论》（修订版），中国政法大学出版社2003

年版。

[61] 王利明：《合同法研究》（上、下卷），中国人民大学出版社2009年版。

[62] 王利明主编：《民法》（第六版），中国人民大学出版社2015年版。

[63] 王利明、崔建远：《合同法新论·总则》，中国政法大学出版社1996年版。

[64] 王培韧：《缔约过失责任研究》，人民法院出版社2004年版。

[65] 王卫国：《过错责任原则：第三次勃兴》，中国法制出版社2000年版。

[66] 王胜明主编：《中华人民共和国侵权责任法条文解释与立法背景》，人民法院出版社2010年版。

[67] 王泽鉴：《民法学说与判例研究》（第一册修订版），中国政法大学出版社2005年版。

[68] 王泽鉴：《民法思维》，北京大学出版社2009年版。

[69] 王泽鉴：《民法总则》，北京大学出版社2009年版。

[70] 王泽鉴：《侵权行为》，北京大学出版社2009年版。

[71] 王泽鉴：《债法原理》，北京大学出版社2009年版。

[72] 王焜：《积极的信赖保护：权利外观责任研究》，法律出版社2010年版。

[73] 谢邦宇、李静堂：《民事责任》，法律出版社1991年版。

[74] 谢怀栻：《外国民商法精要》，法律出版社2002年版。

[75] 徐爱国：《英美侵权行为法》，法律出版社1999年版。

[76] 徐涤宇：《原因理论研究——关于合同（法律行为）效力正当性的一种说明模式》，中国政法大学出版社2005年版。

[77] 徐国栋：《诚实信用原则研究》，中国人民大学出版社2002年版。

[78] 徐国栋：《民法基本原则解释——以诚实信用原则的法理分析为中心》（增删本），中国政法大学出版社2004年版。

[79] 杨立新：《侵权责任法》，法律出版社2010年版。

[80] 杨立新：《中华人民共和国合同法解释与适用》，吉林人民出版

社 1999 年版。

［81］杨桢：《英美契约论》，北京大学出版社 1998 年版。

［82］姚志明：《诚实信用原则与附随义务之研究》，台湾元照出版公司 2003 年版。

［83］姚志明：《债务不履行——不完全给付之研究》，中国政法大学出版社 2003 年版。

［84］易继明：《私法精神与制度选择——大陆法私法古典模式的历史含义》，中国政法大学出版社 2003 年版。

［85］余能斌、马俊驹主编：《现代民法学》，武汉大学出版社 1995 年版。

［86］曾世雄：《损害赔偿法原理》，中国政法大学出版社 2001 年版。

［87］郑玉波著，陈荣隆修订：《民法债编总论》，中国政法大学出版社 2004 年版。

［88］周枏：《罗马法原论》，商务印书馆 1994 年版。

［89］朱勇主编：《中国民法近代化研究》，中国政法大学出版社 2006 年版。

［90］朱广新：《信赖责任研究——以契约之缔结为分析对象》，法律出版社 2007 年版。

［91］朱广新：《合同法总则》，中国人民大学出版社 2008 年版。

（二）译著

［1］［英］P. S. 阿狄亚著，赵旭东、何帅领、邓晓霞译：《合同法导论》，法律出版社 2002 年版。

［2］［德］克里斯蒂安·冯·巴尔、乌里希·德罗布尼希主编，吴越、王洪、李兆玉、施鹏鹏等译：《欧洲合同法与侵权法及财产法的互动》，法律出版社 2007 年版。

［3］［德］K. 茨威格特、H. 克茨著，潘汉典、米健、高鸿均、贺卫方译：《比较法总论》，法律出版社 2003 年版。

［4］［法］勒内·达维著，潘华仿、高鸿均、贺卫方译：《英国法与法国法：一种实质性比较》，清华大学出版社 2002 年版。

［5］［法］莱昂·狄骥著，徐砥平译：《〈拿破仑法典〉以来私法的普

通变迁》，中国政法大学出版社 2003 年版。

［6］［德］马克西米利安·福克斯著，齐晓琨译：《侵权行为法》，法律出版社 2006 年版。

［7］［法］雅克·盖斯旦、吉勒·古博著，陈鹏等译：《法国民法总论》，法律出版社 2004 年版。

［8］［英］A. G. 盖斯特著，张文镇等译：《英国合同法与案例》，中国大百科全书出版社 1998 年版。

［9］［古罗马］盖尤斯著，黄风译：《法学阶梯》，中国政法大学出版社 1996 年版。

［10］［德］罗伯特·霍恩、海因·科茨、汉斯·G. 莱塞著，楚建译：《德国民商法导论》，中国大百科全书出版社 1996 年版。

［11］［德］海因·克茨著，周忠海、李居迁、宫立云译：《欧洲合同法》（上卷），法律出版社 2001 年版。

［12］［德］迪特尔·梅迪库斯著，杜景林、卢谌译：《德国债法总论》，法律出版社 2004 年版。

［13］［英］S. F. C. 密尔松著，李显冬等译：《普通法的历史基础》，中国大百科全书出版社 1999 年版。

［14］［英］巴里·尼古拉斯著，黄风译：《罗马法概论》，法律出版社 2000 年版。

［15］［英］约翰·史密斯著，张昕译：《合同法》，法律出版社 2004 年版。

［16］［德］迪特尔·施瓦布著，郑冲译：《民法导论》，法律出版社 2006 年版。

［17］［美］孟罗·斯密著，姚梅镇译：《欧陆法律发达史》，中国政法大学出版社 2003 年版。

［18］［意］桑德罗·斯奇巴尼选编，徐国栋译：《债·私犯之债（Ⅱ）和犯罪》，中国政法大学出版社 1998 年版。

［19］［意］桑德罗·斯奇巴尼选编，丁玫译：《契约之债与准契约之债》，中国政法大学出版社 1998 年版。

［20］［美］文森特·R. 约翰逊著，赵秀文等译：《美国侵权法》，中国人民大学出版社 2004 年版。

［21］［美］艾伦·沃森著，李静冰、姚新华译：《民法法系的演变及形成》，中国政法大学出版社 1997 年版。

［22］［古罗马］优士丁尼著，徐国栋译：《法学阶梯》（第二版），中国政法大学出版社 2005 年版。

［23］［德］马克斯·韦伯著，林荣远译：《经济与社会》（下卷），商务印书馆 1997 年版。

［24］［德］卡尔·拉伦茨著，王晓晔、邵建东、程建英、徐国建、谢怀栻译：《德国民法通论》（上、下册），法律出版社 2013 年版。

［25］［美］E. 艾伦·范斯沃思著，葛云松、丁春艳译：《美国合同法》，中国政法大学出版社 2004 年版。

［26］［德］汉斯·布洛克斯、沃尔夫·迪特里希·瓦尔克著，张艳译：《德国民法总论》，中国人民大学出版社 2012 年版。

［27］［德］维尔纳·弗卢梅著，迟颖译：《法律行为论》，法律出版社 2013 年版。

［28］［德］莱因哈德·齐默曼、［英］西蒙·惠特克主编，丁广宇、杨才然、叶桂峰译：《欧洲合同法中的诚信原则》，法律出版社 2005 年版。

［29］［日］穗积陈重著，黄尊三等译：《法律进化论》，中国政法大学出版社 1997 年版。

（三）外文著作

［1］Aloris von，Brinz，Lehrbuch der Pandekten（Band2），Verlag von Andrems Dciwert，1879.

［2］Claus-Wilhelm Canaris，Die Vertrauenshaftung im deuschen Privatrecht，C. H. Beck Verlag，1971.

［3］D. J. Ibbetson，*A Historical Introduction to the Law of Obligations*，Oxford University Press，1999.

［4］Esser Josef，Schmidt Eike，Schuldrecht（Band Ⅰ）Allgemeiner Teil，C. F. Müller Verlag，1992.

［5］Francesco Parisi，*Liability for Negligence and Judicial Discretion*，University of California at Berkeley，1992.

［6］Friedrich Carl von，Savigny，Das Obligationrecht als Theil des heutigen römischen Rechts (Band 1), Deit und Comp, 1851.

[7] Harm Perter Westermann, Das Schuldrecht 2002: Systematische Darstellung der Schuldrechtsreform, Richard Boorberg Verlag, 2002.

[8] Heinrich Mitteis, Deutsches Privatrecht, Beck, 1981.

[9] Horst Heinrich Jakobs und Werner Schubert, Die Beratung des Bürgerlichen Gesetzbuchs in systematischer Zusammenstellung der unveröffentlichen Quellen, Walter de Gruyter, 1996.

[10] Joachim, Gernhuber, Das Schuldverhältnis: Begrungdung und Anderung Pflichten und Strukturen und Drittwirkung, J. C. B. Mohr, 1989.

[11] Josef Esser, Eike Schmidt, Schuldrecht (Band I Allgemeiner Teil), C. F. Müller Juristischer Verlag, 1976.

[12] Jürgen Schmidt RÄntsch, Das neue Schuldrecht: Einführung-Texte-Materialien (Buch 1), Bundesanzeiger Verlag, 2002.

[13] Marina, Frost, "Vorvertragliche" und "Vertragliche" Schutzpflichten, Duncker & Humblot, 1981.

[14] Markesinis, Lorenz & Dannemann, *The German Law of Obligations* (*Volume I*), Clarendon Press, 1997.

[15] Otto von, Gierke, Deutsches Privatrecht (Band 3: Schuldrecht), Verlag von Duncker & Humblot, 1917.

[16] Otto von, Gierke, Schuld und Haftung im älteren deutschen Recht, M & H Marcus, 1910.

[17] Peter, Kreb, Sonderverbindung und auβerdeliktische Schutzpflichten, Beck Schriften des Instituts für Arbeits-und Wirtschaftsrecht der Universität Köln, 2000.

[18] Reinhard Zimmermann, *The Law of Obligations Roman Foundations of the Civilian Tradition*, Oxford University Press, 1996.

[19] Richard A. Epstein, *Cases and Materials on Torts*, Citic Publishing House, 2003.

[20] Robert Joseph Pothier, *A Treatise on the Law of Obligations, or Contracts*, Translated by William David Evans, The Lawbook Exchange, LTD, 2005.

[21] Stephan Lorenz, Tomas Riehms, Lehrbuch zum neuen Schuldrecht, C. H. Beck, 2002.

[22] Uwe Diederichsen, Wolfgang Sellert, Das BGB im Wandel der Epochen, Vandenhoeck und Ruprecht, 2002.

[23] Vincent, Mayr, Schtzpflichten im deutschen und französischen Recht, Peter Lang, 2005.

[24] Volker Emmerich, Das Recht der Leistungsstörungen (6. Auflage), C. H. Beck, 2005.

[25] W. F. Harvey, *A Brief Digest of the Roman Law of Contracts*, Fred B. Rothman & Company, 1984.

[26] Wlofgang Küpper, Das Scheitern von Vertragsverhandlungen als Fallgruppe der Culpa in Contrahendo, Duncker & Humblot, 1988.

[27] Paula Giliker, *Pre-contractual Liability in English and French Law*, Kluwer Law International, 2002.

[28] John Cartwright & Martijn Hesselink, *Precontractual Liability in European Private Law*, Cambridge University Press, 2008.

[29] Junwei Fu, *Modern European and Chinese Contract Law: A Comparative Study of Party Autonomy*, Wolters Kluwer Law & Business, 2011.

二、论文

(一) 中文论文

[1] 陈现杰:《〈最高人民法院关于审理人身损害赔偿案件适用法律若干问题的解释〉的若干理论与实务问题解析》,载《法律适用》2004 年第 2 期。

[2] 程啸、张发靖:《现代侵权行为法中过错责任原则的发展》,载《当代法学》2006 年第 1 期。

[3] 程啸:《侵权法中"违法性"概念的产生原因》,载《法律科学》2004 年第 4 期。

[4] 道文:《试析合同法上附随义务》,载《法学》1999 年第 10 期。

[5] 丁海俊:《私权救济论——以民事责任制度为中心》,西南政法大

学博士学位论文，2005 年。

［6］丁玫：《大陆法系合同责任领域的“共同法”——罗马法》，载《比较法研究》1996 年第 3 期。

［7］杜景林、卢谌：《论德国新债法积极侵害债权的命运——从具体给付障碍形态走向一般性义务侵害》，载《法学》2005 年第 2 期。

［8］范军：《论先合同义务与相关义务之关系》，载《复旦学报》2006 年第 1 期。

［9］费安玲：《论合同法中的附随义务》，载《中国司法》1999 年第 10 期。

［10］韩世远：《中国的履行障碍法》，见韩世远、［日］下森定主编：《履行障碍法研究》，法律出版社 2006 年版。

［11］侯国跃：《契约附随义务研究》，西南政法大学博士学位论文，2006 年。

［12］黄海峰：《违法性、过错与侵权责任的成立》，见梁慧星主编：《民商法论丛》（第 17 卷），金桥文化出版（香港）有限公司 2000 年版。

［13］江平：《民法中的视为、推定与举证责任》，载《政法论坛》1987 年第 4 期。

［14］江平、程合红、申卫星：《论新合同法中的合同自由原则与诚实信用原则》，载《政法论坛》1999 年第 1 期。

［15］金红：《试论建立统一的安全保障义务——对合同责任扩大化的反思》，见杨立新主编：《侵权司法对策》，人民法院出版社 2005 年版。

［16］李昊：《交易安全义务制度研究》，清华大学博士学位论文，2005 年。

［17］李军：《法律行为理论研究》，山东大学博士学位论文，2005 年。

［18］李伟：《安全保障义务论》，华侨大学硕士学位论文，2004 年。

［19］李显东：《从〈大清律例〉到〈民国民法典〉的转型》，中国政法大学博士学位论文，2003 年。

［20］李玉林：《民事义务论》，北京大学博士学位论文，2004 年。

［21］梁慧星：《从近代民法到现代民法——20 世纪民法回顾》，见梁慧星主编：《民商法论丛》（第 7 卷），法律出版社 1997 年版。

［22］梁慧星：《统一合同法：成功与不足》，载《中国法学》1999 年第 3 期。

［23］廖焕国：《侵权法上注意义务比较研究》，武汉大学博士学位论文，2005 年。

［24］林慧贞：《附随义务与民事责任之发展》，台湾大学博士学位论文，2005 年。

［25］林美惠：《侵权行为法上交易安全义务之研究》，台湾大学博士学位论文，2000 年。

［26］刘春堂：《缔约上过失之研究》，台湾大学博士学位论文，1983 年。

［27］刘海奕：《加害给付研究》，见梁慧星主编：《民商法论丛》（第 4 卷），法律出版社 1998 年版。

［28］刘士国：《安全关照义务论》，载《法学研究》1999 年第 5 期。

［29］刘言浩：《宾馆对住客的保护义务——王利毅、张丽霞诉上海银河宾馆损害赔偿上诉案评析》，载《法学研究》2001 年第 3 期。

［30］邱琦：《纯粹经济上损失之研究》，台湾大学博士学位论文，2001 年。

［31］涂文：《债法现代化要论》，武汉大学博士学位论文，2004 年。

［32］王洪亮：《缔约上过失制度研究》，中国政法大学博士学位论文，2001 年。

［33］王利明：《侵权行为概念之研究》，载《法学家》2003 年第 3 期。

［34］王利明：《违约责任和侵权责任的区分标准》，载《法学》2002 年第 5 期。

［35］王利明：《再论违约责任与侵权责任的竞合——兼评合同法第 122 条》，载《中国对外贸易》2001 年第 2 期。

［36］魏振瀛：《〈民法通则〉规定的民事责任——从物权法到民法典的规定》，载《现代法学》2006 年第 3 期。

［37］魏振瀛：《论民法典中的民事责任体系——我国民法典应建立新的民事责任体系》，载《中外法学》2001 年第 3 期。

［38］吴俊贤：《附保护第三人作用契约之研究》，辅仁大学硕士学位

论文，2002 年。

［39］肖永平、霍政欣：《 英美债法的第三支柱：返还请求权法探析》，载《比较法研究》2006 年第 3 期。

［40］熊进光：《侵权行为法上的安全注意义务研究》，西南政法大学博士学位论文，2006 年。

［41］徐涤宇：《合同概念的历史变迁及其解释》，载《法学研究》2004 年第 2 期。

［42］徐杰：《合同法中的违约责任制度》，载《中国法学》1999 年第 3 期。

［43］许伯仁：《大陆地区合同法之研究——以总则部分为中心》，中国文化大学硕士学位论文，2001 年。

［44］许德风：《对第三人具有保护效力的合同与信赖责任——以咨询责任为中心》，见易继明主编：《私法》（第 4 辑第 2 卷），北京大学出版社 2004 年版。

［45］杨丽君：《论英美法合同相对性原则》，见梁慧星主编：《民商法论丛》（第 12 卷），法律出版社 1999 年版。

［46］杨垠红：《侵权法上安全保障义务之研究》，厦门大学博士学位论文，2006 年。

［47］杨幼炯：《比较民法学导论》，见郑玉波等著，刁荣华主编：《现代民法基本问题》，台湾汉林出版社 1981 年版。

［48］詹文馨：《契约法上之附随义务——以德国法契约责任之扩大为中心》，台湾大学硕士学位论文，1990 年。

［49］张岚：《产品责任法发展史上的里程碑——评美国法学会〈第三次侵权法重述：产品责任〉》，载《法学》2004 年第 3 期。

［50］张生：《民国初期民法的近代化》，中国政法大学博士学位论文，2000 年。

［51］张新宝、唐青林：《经营者对服务场所的安全保障义务》，载《法学研究》2003 年第 3 期。

［52］郑强：《合同法诚实信用原则比较研究》，载《比较法研究》2000 年第 1 期。

［53］郑玉波：《民事责任之分析》，见郑玉波：《民法债编论文选辑》

（上），台湾五南图书出版公司 1984 年版。

［54］诸葛鲁：《债务与责任》，见郑玉波：《民法债编论文选辑》（上），台湾五南图书出版公司 1984 年版。

［55］游明慧：《论先契约责任——以建构我国法制为中心》，台湾大学硕士学位论文，2008 年。

［56］曾姿璇：《契约磋商中断责任之研究——以民法第 245 条之 1 之规范意义为探讨中心》，台湾成功大学硕士学位论文，2006 年。

［57］杨华东：《论先合同义务与先合同责任》，西南政法大学硕士学位论文，2007 年。

［58］苏诗铭：《先合同责任的法律经济分析》，广州大学硕士学位论文，2013 年。

［59］杨佑庭：《中断磋商之研究——以契约法制为中心》，台湾中正大学硕士学位论文，2010 年。

［60］王利珍：《论先合同责任》，载《社会科学家》2005 年第 6 期。

［61］张家勇：《论前合同责任的归责标准》，载《法学家》2014 年第 1 期。

（二）译文

［1］《欧洲责任体系——表象及内部构造》，见［意］毛罗·布萨尼、［美］弗农·瓦伦丁·帕尔默主编，张小义、钟洪明译：《欧洲法中的纯粹经济损失》，法律出版社 2005 年版。

［2］［美］格兰特·吉尔莫著，曹士兵等译：《契约的死亡》，见梁慧星主编：《民商法论丛》（第 3 卷），法律出版社 1995 年版。

［3］［意］R. 科尼特尔：《罗马法与民法的法典化》，见杨振山、［意］斯奇巴尼主编：《罗马法·中国法与民法法典化》，中国政法大学出版社 1995 年版。

［4］［意］桑德罗·斯奇巴尼著，黄风译：《论债渊源的体系和契约的范畴》，载《法学译丛》1992 年第 4 期。

［5］［意］桑德罗·斯奇巴尼著，费安玲、张礼宏译：《罗马法律制度中的契约外责任：过错和类型》，见杨振山、［意］斯奇巴尼主编：《罗马法·中国法与民法法典化》，中国政法大学出版社 1995 年版。

(三) 外文论文

[1] On the Distenction between Contract and Tort, in Andrew Robertson, *The Law of Obligations: Connections and Boudaries*, UCL Press, 2004.

[2] Charles L. B. Lowndes, The Province of the Law of Tort (Book Reiview), *Verginia Law Review*, 1932, Vol. 18, No. 6.

[3] Schutzgesetze-Verkehrspflichten-Schutzpflichten, Claus-Wilhelm Canaris, FS Larenz, C. H. Beck Verlag, 1983.

[4] Claus-Wilhelm Canaris, Ansprüche wegen "positiver Vertragsverletzung" und "Schuzwirkung für Dritte" bei nichtigen Verträgen, Juristenzeitung, 1965, 3 (2).

[5] Die Vertrauenshaftung im Lichte der Rechtsprechung des Bundesgerichtshofs, Claus-Wilhelm Canaris, 50 Jahre Bundesgerichtshof Festgabe aus der Wissenschaft, C. H. Beck, 2000.

[6] E. Allan Farnsworth, Precontractual Liability and Preliminary Agreements: Fair Dealing and Failed Negotiations, *Columbia Law Review*, 1987, Vol. 87, No. 2.

[7] Eduard Picker, Positive Forderungsverletzung und Culpa in Contrahendo, Archiv für die civilistische Praxis, 1983, 183.

[8] Wandlungen des Deliktsrechts, Ernst von, Caemmerer, FS 100 Jahr DJT (Band II), C. F. Müller Verlag, 1960.

[9] Hans Dölle, Aussergesetzliche Schuldpflichten, ZStW 103, 1943.

[10] Heinrich Stoll, Abschied von der Lehre von der Positive Vertrsgsverletzung, Archiv für die civilistische Praxis, 1932, 136.

[11] Hermann, Isay, Schuldverhältnis und Haftungsverhältnis im heutigen Recht, Jehring Jahrbücher für die Dogmatik des Bürgerlichen Rechts, 1904, 58.

[12] James Gordley, Myths of the French Civil Code, *The American Journal of Comparative Law*, 1994, Vol. 42 (Summer).

[13] Karl F., Kreuzer, Anmerkung zum Urteil des BGH vom 28. 1. 1976, Juristenzeitung, 1976, 31 (23/24).

[14] Kindereit, Wer fühlt nicht, daβes hier einer Schadensersatzklage bedarf-Rudolf von Jhering und die culpa in contrahendo, Thomas Hoeren (Hersg), Zivilrechtliche Entdecker, C. H. Beck, 2001.

[15] Kurt Ballerstedt, Zur Haftung für culpa in contrahendo bei Geschäftsabschluβdurch Stellvertreter, AcP 151 (1950/51).

[16] Michael, Coestter, Basil Markesinis, Liability of Financial Experts in German and American Law: An Exercise in Comparative Methodology, *American Journal of Comparative Law*, 2003, Vol. 51, No. 2.

[17] Peter Krebs, Manfred G. Lieb, Arnd Arnold, Kodifizierung von Richterrecht, Barbara Dauner-Lieb Hrsg, Das neue Schuldrecht in der anwaltlichen Praxis, Deutscher Anwaltverlag, 2002.

[18] Jhering, Culpa in contrahendo oder Schadensersatz bei nichtigen oder nicht zur Perfection gelangten Verträgen, Jahrbücher für die Dogmatik des heutigen römischen und deutschen Rechts 4. Band, 1861.

[19] Von Schwerin, Schuld und Haftung in geltenden Recht, Beiträge zur Erläuterung des deutschen Rechts, 1911, 55.

[20] Wolfgang Thiele, Leistungssörung und Schutzpflichtverletzung, Juriszeitung, 1967, 3 (4).

[21] Wolfgang Wiegand Bern, Zur Entwicklung der Pfandrechtstheorien im 19. Jahrhundert, Zeitschrift für Neuere Rechtsgeschichte, 1981, 23 (1).

[22] Yoav Ben Dror, The Perennial Ambiguity of Culpa in Contrahendo, *The American Journal of Legal History*, 1983, Vol. 27, No. 2.

[23] Friderich Kesser & Edithe Fine, Culpa in Contrahendo, Bargaining in Good Faith, and Freedom of Contract, *Harvard Law Review*, 1964, Vol. 77.

[24] Greg Gordon, Review of Precontractual Liability in European Private Law, *Edinburgh Law Review*, 2010, Vol. 14, No. 3.

[25] Daniel C. Turack, Precontractual Liability in the United States of America: A National Report, *The America Journal of Comparative Law*, 1990, Vol. 38.

[26] Nadia E. Nedzel, A Comparative Study of Good Faith, Fair Dealing and Precontractual Liability, *Tulane European and Civil Law Forum*,

1997, Vol. 12.

[27] Alan Schwartz & Robert E. Scott, Precontractual Liability and Preliminary Agreement, *Harvard Law Review*, 2007, Vol. 120.

[28] Jesse Max Creed, Integrating Preliminary Agreements into the Interference Torts, *Columbia Law Review*, 2010, Vol. 110.

[29] Yu Yamazaki, Preliminary Agreements as Contracts: Facilitating Socially Desirable Transactions Using the Doctrines of Injunction, Disgorgement, and Tortious Interference, *NYU Journal of Law & Business*, 2012, Vol. 9.

[30] Najib Hage-Cahine, Culpa in Contrahendo in European Private International Law: Another Look at Article 12 of the Rome Ⅱ Regulation, *Northwestern Journal of International Law and Business*, 2012, Vol. 32.

[31] Shen Wei & Kenny Yu, Rethinking Pre-contractual Liability in China—One Step Beyond China's Latest Judicial Interpretation, *Hong Kong Law Journal*, 2013, Vol. 43.

三、辞书

[1] 杜景林、卢谌编：《德汉法律经济贸易词典》，法律出版社 1997 年版。

[2] 黄风编著：《罗马法词典》，法律出版社 2002 年版。

[3] 黄新成、胡宗荣、柏令茂、刘盛仪主编：《法汉大词典》，上海译文出版社 2002 年版。

[4] 潘再平主编：《新德汉词典》，上海译文出版社 2000 年版。

[5] 薛波主编：《元照英美法词典》，法律出版社 2003 年版。

[6]《简明大不列颠百科全书》，中国大百科全书出版社 1986 年版。

[7] Bryan A. Garner, ed, *Black's Law Dictionary*, 2004.

四、资料

[1] 陈卫佐译注：《德国民法典》（第二版），法律出版社 2006 年版。

[2] 郑冲、贾红梅译：《德国民法典》，法律出版社 1999 年版。

[3] 罗结珍译：《法国民法典》，法律出版社 2005 年版。

[4] 王卫国主译:《荷兰民法典》,中国政法大学出版社 2006 年版。

[5] 吴兆祥、石佳友、孙淑妍译:《瑞士债法典》,法律出版社 2002 年版。

[6] 潘灯、马琴译:《西班牙民法典》,中国政法大学出版社 2013 年版。

[7] 费安玲等译:《意大利民法典》,中国政法大学出版社 2004 年版。

[8] 唐晓晴等译:《葡萄牙民法典》,北京大学出版社 2009 年版。

[9] 王书江译:《日本民法典》,中国法制出版社 2002 年版。

后　记

“先合同责任”是我的专著《民事责任体系重构》的一个延伸性研究问题。项目启动时，我选择了最广义的先合同责任作为研究对象，这直接导致了结论的难产。在写作的过程中，我发现精力有限，但要推翻重写时间又不充分，只能留下论证欠深度的遗憾。本书权作这四年繁重教学工作之余阅读和思考相关文献与案例的笔记，待日后在此基础之上继续深入研究。值得欣慰的是，在此项目研究过程中，我所带的硕士研究生苏诗铭以“先合同责任经济责任的法律经济分析”为主题完成了硕士学位论文，另一位研究生黄焕秋以“中断磋商责任”为主题发表了论文。而我所担任过导师的广州大学2010级本科班级，多数同学阅读了英文原版的《先合同责任》，并以小组为单位对该书中的假设案例展开了讨论。

研究成果付梓之际，感谢研究工作中无私为我提供参考文献的朋友们，感谢我的工作单位广州大学对本书的出版资助，感谢暨南大学出版社以及本书的编辑对本书的出版所提供的帮助。最后，我向所有支持我工作的家人和朋友表达最深的谢意。我将带着你们的信任和厚爱开始人生新的征程。

邱雪梅

2015 年 11 月 29 日于广州